조선 사람들의
차림새,
멋내기로 통하다

조선 사람들의
차림새,
멋내기로 통하다

초판 1쇄 인쇄 2023년 11월 13일
초판 1쇄 발행 2023년 11월 20일

—

기 획 한국국학진흥원
지은이 이민주
펴낸이 이방원
책임편집 조성규 **책임디자인** 박혜옥
마케팅 최성수 · 김 준 **경영지원** 이병은

—

펴낸곳 세창출판사
신고번호 제1990-000013호 **주소** 03736 서울특별시 서대문구 경기대로 58 경기빌딩 602호
전화 02-723-8660 **팩스** 02-720-4579 **이메일** edit@sechangpub.co.kr **홈페이지** http://www.sechangpub.co.kr
블로그 blog.naver.com/scpc1992 **페이스북** fb.me/Sechangofficial **인스타그램** @sechang_official

—

ISBN 979-11-6684-278-8 94910
979-11-6684-259-7 (세트)

ⓒ 한국국학진흥원 연구사업팀, 문화체육관광부

한국국학진흥원 전통생활사총서 19

조선 사람들의
차림새,
멋내기로 통하다

이민주 지음
한국국학진흥원 기획

세창출판사

한국국학진흥원에서는 2022년부터 문화체육관광부의 지원으로 전통생활사총서 사업을 기획하였다. 매년 생활사 전문 연구진 20명을 섭외하여 총서를 간행하기로 했다. 올해 나온 20권의 본 총서가 그 성과이다. 우리 전통시대의 생활문화를 대중에 널리 알리고 공유하기 위한 여정이 시작된 것이다.

한국국학진흥원은 국내에서 가장 많은 민간기록물을 소장하고 있는 기관으로, 그 수는 총 62만 점에 이른다. 대표적인 민간기록물로 일기와 고문서가 있다. 일기는 당시 사람들의 일상을 세밀하게 이해할 수 있는 생활사의 핵심 자료이다. 고문서는 당시 사람들의 경제 활동이나 공동체 운영 등 사회경제상을 이해할 수 있는 자료이다.

한국의 역사는 『조선왕조실록』이나 『승정원일기』와 같이 세계적으로 자랑할 만한 국가기록물의 존재로 인해 중앙을 중심으로 이해되어 왔다. 반면 민간의 일상생활에 대한 이해나 연구는 관심을 덜 받았다. 다행히 한국국학진흥원은 일찍부터 민간에 소장되어 소실 위기에 처한 자료들을 수집하고 보존처리를 통해 관리해 왔다. 또한 이들 자료를 번역하고 연구하여 대중에 공개했다. 그리고 이러한 민간기록물을 활용하고 일반에 기여할 수 있는 방법으로 '전통시대 생활상'을 대중서로 집필하는 방식을 통해 생생하게 재현하여 전달하고자 했다. 일반인이 쉽게 읽을 수 있는 교양학술총서를 간행한 이유이다.

총서 간행을 위해 일찍부터 생활사의 세부 주제를 발굴하는 전문가 자문회의를 개최하고, 전통시대 한국의 생활문화를 가장 잘 구현할 수 있는 핵심 키워드를 선정하였다. 전통생활사 분류는 인간의 생활을 규정하는 기본 분류인 정치·경제·사회·문화로 지정하였다. 이를 기반으로 매년 각 분야에서 핵심적인 키워드를 선정하여 집필 주제를 정했다. 금번 총서의 키워드는 정치는 '관직생활', 경제는 '농업과 가계경영', 사회는 '가족과 공동체 생활', 문화는 '유람과 여행'이다.

분야마다 5명의 집필진을 해당 어젠다의 전공자로 구성하였다. 서술은 최대한 이야기체 형식으로 다양한 사례를 풍부하게 녹여 달라고 요청하였다. 특히 어디서나 간단히 들고 다니며 읽을 수 있도록 쉽게 서술해 줄 것을 부탁하였다. 그러면서도 본 총서는 전문연구자가 집필했기에 전문성 역시 담보할 수 있다.

물론 전문적인 서술로 대중을 만족시키기는 매우 어렵다. 그래서 원고 의뢰 이후 5월과 8월에는 각 분야의 전공자를 토론자로 초청하여 2차례의 포럼을 진행하였다. 11월에는 완성된 초고를 바탕으로 1박 2일에 걸친 대규모 학술대회를 개최하였다. 포럼과 학술대회를 바탕으로 원고의 방향과 내용을 점검하는 시간을 가졌다. 원고 수합 이후에는 책마다 전문가 3인의 심사의견을 받았다. 2023년에는 출판사를 선정하여 수차례의 교정과 교열을 진행했다. 책이 나오기까지 꼬박 2년의 기간이었다. 짧다면 짧은 기간이다. 그러나 2년의 응축된 시간 동안 꾸준히 검토 과정을 거쳤고, 토론과 교정을 진행하며 원고의 완성도를 높이기 위해 분주히 노력했다.

전통생활사총서는 국내에서 간행하는 생활사총서로는 가장 방대한 규모이다. 국내에서 전통생활사를 연구하는 학자 대부분을 포함하였다. 2022년도 한 해의 관계자만 연인원 132명에 달하는 명실공히 국내 최대 규모의 생활사 프로젝트이다.

1990년대 이후 폭발적으로 증가했던 일상생활사와 미시사 연구는 근래에는 학계의 관심이 소홀해진 상황이다. 본 총서의 발간이 생활사 연구에 다시 활력을 불어넣는 계기가 되기를 기대한다. 연구의 활성화는 연구자의 양적 증가로 이어지고, 연구의 질적 향상 또한 이끌 것이다. 그렇게 된다면 전통문화에 대한 대중들의 관심 역시 증가할 것으로 기대된다.

본 총서는 한국국학진흥원의 연구 역량을 집적하고 이를 대중에게 소개하기 위해 기획된 대표적인 사업의 하나이다. 참여한 연구자의 대다수가 전통시대 전공자이며, 앞으로 수년간 지속적인 간행을 준비하고 있다. 올해에도 20명의 새로운 집필자가 각 어젠다를 중심으로 집필에 들어갔고, 내년에 또 20권의 책이 간행될 예정이다. 앞으로 계획된 총서만 80권에 달하며, 여건이 허락되는 한 지속할 예정이다.

대규모 생활사총서 사업을 지원해 준 문화체육관광부에 감사하며, 본 기획이 가능하게 된 것은 한국국학진흥원에 자료를 기탁해 준 분들 덕분이다. 이 자리를 빌려 그분들께 다시 한번 감사드린다. 아울러 총서 간행에 참여한 집필자, 토론자, 자문위원 등 연구자분들께도 감사 인사를 전한다. 책의 편집을 책임진 세창출판사에도 감사드린다. 이 모든 과정은 한국국학진흥원 여러 구성원의 노력이 있었기에 가능했다.

2023년 11월
한국국학진흥원 연구사업팀

차례

책머리에   4
들어가는 말   10

1. 모자, 새로운 명성을 얻다   13

한양의 멋쟁이, 편두통도 마다하지 않다   15
갓, 쓰지 말고 얹어야 제맛   25
가체, 목이 부러질지라도   34
조바위, 프랑스인조차 갖고 싶었던 모자   43
백옥 같은 피부, 천연화장품을 선도하다   51

2. 흰옷, 한국인의 정체성을 드러내다   57

한국의 백색, 비애의 색인가? 축제의 색인가?   59
한산 세모시, 도포자락 휘날리며   66
원삼, 기쁜 날도 슬픈 날도 최고의 날을 장식하다   74
철릭, 사라질 위기에서 살아남다   79
관복, 조선의 리스 문화   87
곤룡포, 조선식으로 바뀐 임금의 상복常服   95
천청색 적의, 내 마음의 대비는 혜경궁이라오   100
간택처자, 명주와 모시를 넘지 말라   107
작고 짧아진 저고리, 길고 풍성한 치마   116
하후상박下厚上薄, 창의적 착장법의 시작   124
패딩 솜은 속에 홑옷은 겉으로   132

3. 신발, 사랑을 전하다　　　139

짚신, 머리카락으로 삼은 사랑　　　141
협금화, 초상화에 남아 있다　　　147

4. 치장, 맵시를 완성하다　　　155

고름과 허리띠, 예술품이 되다　　　157
주머니 한복의 맵시를 더하다　　　165
노리개, 기생의 마음만 훔쳤을까　　　170
흉배, 무신도 탐한 학흉배　　　177

5. 우리 문화, 세계와 통하다　　　185

다듬이 소리, 가을밤을 수※놓다　　　187
공예 기술, 국가에서 공방을 키우다　　　191
한국인의 멋, 어디서 나왔나　　　197

주석　　　204

전통시대에도 복식은 엄연한 패션이었다. 조선시대 복식 또한 늘 새로운 것을 추구하고 변화했다는 사실이 이를 방증한다. 더욱이 패션은 돌고 돈다. 그렇다고 해서 과거의 것이 그대로 재현되는 것은 아니다. 그렇기에 과거의 복식이 현대의 복식으로 재탄생했다 하더라도 우리의 눈에는 다르게 느껴진다. 변화의 폭은 크지 않다. 아주 조금씩 변화한다. 그럼에도 불구하고 작은 변화를 우리는 새롭게 인지한다. 오히려 너무 많은 변화가 이루어지면 낯설게 느껴져 쉽게 받아들이지 못한다. 또 하나의 차림새가 만들어졌다 하더라도 많은 사람이 공감하고 이를 받아들이기까지는 일정 시간이 필요하다. 물론 모든 복식이 다 그런 것은 아니지만 시간이 지남에 따라 하나의 차림새가 완성되는 것은 분명하다.

한편 그 시대를 살아가는 사람들의 인식 또한 차림새를 만들어 내는 데 주요한 요소가 된다. 어쩌면 시간보다 사람들의 인식이 더 중요할지 모른다. 필자 역시 이러한 맥락에서 '조선 사람들의 차림새와 멋내기'를 파악하고 복식에 담겨 있는 본질을 파악해 보고자 한다.

이에 본 집필에서는 첫째, 복식을 머리에서 발끝까지 차림새별로 구분하여 그것이 시대에 따라 어떤 변화를 거쳤으며, 그 변화의 과정 속에서 어떤 논의가 이루어져 당시의 복식으로 자리매김했는지 정리하고자 한다. 시대는 500여 년을 지탱해 온 조선시대로 한정한다. 우리의 기본 복식이라 할 수 있는 치마저고리, 바지저고리는 상고시대부터 존재했지만 현재를 살아가는 우리에게 가장 친근한 전통시대는 조선이며, 그들의 복식이 지금까지 우리에게 전달되고 있기 때문이다. 둘째는 각각의 복식을 바라보는 당시 사람들의 인식을 살펴보고자 한다. 지금까지 전해지는 복식이라 할지라도 당시 모든 이의 환영을 받은 것은 아니다. 그러나 조선시대의 복식이 지금까지 전해지고 있는 이유는 분명 그 복식 속에 담긴 매력이 있기 때문이다. 본 집필의 목적은 그 매력을 드러내는 데 있다. 셋째, 우리 복식에 대한 타인의 시선을 찾아보고자 한다. 개항기 조선을 방문한 많은 외국인들의 기록 속에는 우리 복식에 대한 나름의 이해가 담겨 있다. 이들의 시각은 우리로 하여금 우리의 복식을 세계인의 눈높이에서 가늠해 볼 수 있는 계기를 마련해 주었다.

이를 위해 조선시대 사람들이 추구한 '차림새와 멋내기'가 무엇이었는지 문헌과 시각 자료를 통해 찾아보고, 그들이 추구했던 차림새와 멋내기를 통해 당시의 복식 문화를 공유하고자 한다. 특히 본 집필에서는 조선 사람들의 차림새와 멋내기가 그들만의 향유에서 그치지 않고 우리에게는 어떤 의미가 있는지 활용 가능한 부분을 탐색함으로써 문화콘텐츠로서의 영감을 제공할 수 있길 기대한다. 이를 위해서는 독자들이 한복을 쉽게 이해하고, 바라볼 수 있게끔 다양한 시각을 제공할 필요가 있다.

최근 한류를 타고 한복에 대한 인기는 최고점을 향해 달려가고 있다. 한복에 대한 세계인의 관심이 커질수록 우리 한복에 딴지를 거는 일들도 자주 발생한다. 심지어 한복을 한푸(중국 한족의 전통 복식을 부르는 말)로 소개하는 경우도 있다. 이는 한복에 대한 세계인의 관심을 두려워한 중국인들의 조바심에서 발발한 오류라고 판단하지만, 이러한 어처구니없는 이야기에 제대로 대응하기 위해서는 우리 옷에 대한 정확한 이해가 필요하다. 그동안 우리에게 익숙하여 제대로 알고 있다고 확신했던 복식들을 하나하나 따져 보는 것으로 우리 옷에 대한 이해의 지평을 함께 넓히고자 한다.

1

모자,
새로운 명성을 얻다

한양의 멋쟁이, 편두통도 마다하지 않다

조선시대 남자들이 아침에 일어나 가장 먼저 하는 일은 세수하고 상투를 튼 후 망건을 두르는 일이다. 본격적으로 의관을 정제하기 전에 갖추어야 할 기본자세이기 때문이다. 매일 트는 상투이고 매일 두르는 망건이지만 얼마만 한 크기로 상투를 틀고, 이마의 어디에 망건을 두느냐 하는 것은 사대부 남성들의 최고 관심사였다. 왜 그랬을까?

상투는 '알'만 하게

상투를 트는 것은 늘 하는 일이고 누구에게나 똑같은 헤어 스타일인 것 같지만 멋진 상투를 틀기 위한 남성들의 고민이 눈물겹다.

상투를 틀기 위해서는 먼저 머리를 빗어야 한다. 머리를 빗을 때 사용하는 빗에는 얼레빗과 참빗 두 종류가 있다. 얼레빗은 일단 헝클어진 머리를 쓸쓸 빗겨 가지런히 하고, 참빗으로 삐죽삐죽 빠져나온 머리를 가지런히 정리한 후, 머리에 기름을 발라 다시 한번 머리에 정성을 들인다.

이제 본격적으로 상투를 틀어야 하는데 이때 중요한 것이 상투의 크기이다. 한양의 멋쟁이들이 멋지다고 생각한 상투의 크기는 높이 5-8cm, 직경 2.5cm 정도이다.[1] 이런 정도의 크기를 만들면 '알'만 하게 되는 것이다.[2] 여기서 알이란 우리가 아는 계란 정도의 크기를 말한다. 그런데 이런 크기의 상투를 만들기 위해서는 머리숱이 관건이 된다. 먼저 머리숱이 많은 사람은 숱부터 없애야 한다. 가장 좋은 방법은 【그림 1】과 같이 상투를 틀어야 하는 곳의 밑에 있는 머리숱을 밀고, 【그림 2】와 같이 주변 머리를 걷어 올려 묶은 다음, 상투의 크기를 가늠해서 그 길이만큼 돌려 감는다. 다음에는 남은 머리카락 끝으로 상투 밑

그림 1 김준근, 〈상투밋치는모양〉

그림 2 〈상투틀어주고〉

그림 3 〈상투짜주고〉, 《기산김준근 풍속도첩》 중, 숭실대기독교박물관

부분을 감고 남자의 비녀인 동곳으로 마무리한다【그림 3】.

망건 구하기

　망건은 상투를 틀고 난 후 머리카락을 정돈하기 위해 착용하는 것이다. 『문종실록』에 망건은 머리털을 감싸는 물건으로 말총을 그물처럼 짜서 만든다고 했다.[3] 말총은 제주의 특산물로 쉽게 구할 수 있는 물품은 아니다. 그러나 머리카락을 정리하기 위해서는 남성들에게 꼭 필요한 필수품이다.

　망건은 【그림 4】와 같이 긴 머리띠의 형태로 일명 헤드밴드에 해당한다. 망건의 가운데 중심 부분은 망사와 같이 이마가 훤히 들여다보이며, 좌우를 잡아당겨 머리를 감싼다. 이때 망건의 위아래에 있는 당줄로 망건을 자신의 머리둘레에 맞게 조절한다. 과연 망건은 어디서 어떻게 구해서 착용했을까?

　16세기 말의 생활상을 그린 유희춘의 『미암일기』에는 울진 수령 정구수丁龜壽가 망건을 보내왔으며,[4] 희릉 하인이 경렴의 편지를 가지고 오면서 광선의 혼사에 쓸 망건 등을 가지고 왔다.[5] 희릉은 중종의 계비인 장경왕후 윤씨의 무덤으로 왕비릉의 하인이 광선의 혼례를 위해 가지고 온 것으로, 다음 해 관례를 치를 때 사용하고, 이어서 혼례를 치르면서 착용하였다. 광

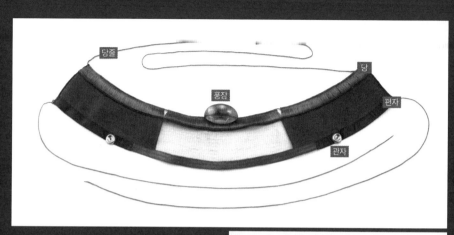

그림 4 망건과 망건통, 국립고궁박물관

선의 것으로 가져온 것이기는 하지만 광선의 머리가 큰데도 망
건이 잘 맞아 기쁘다[6]고 하는 것으로 보아 망건에서 당줄의 용
도를 짐작하게 한다.

한편 17세기의 시대상을 확인할 수 있는 『인재일록』에는
1614년 제주 사람이 가지고 온 물건 중 목사 숙부가 망건 1부를
보냈다는 기록[7]과 함께 찰방이나 판관[8] 또는 제주 사람이 보내
준 것을 사용했다고 하여, 제주의 특산물이 망건이었음을 알 수
있다. 그런데 여기서 흥미로운 것은 망건의 띠만을 보내거나 구
입했다는 사실이다. 즉 망건을 완제품으로 구입하거나 보내는
것이 아니라 기본적인 띠만 보내면 자신의 신분이나 취향에 맞
게 꾸민 것으로 보인다. 그중 대표적인 것이 관자와 풍잠이다.
관자는 신분을 구분하는 것이기 때문에 자신의 품계에 따라 붙
여야 하지만 풍잠은 갓이 넘어가는 것을 막기 위해 망건의 윗부
분인 당에 붙이는 것으로 재력에 따라서는 고급의 풍잠을 붙일
수도 있다. 더욱이 갓을 쓰면 풍잠은 보이지 않는다. 은근히 자
신의 재력을 드러낼 수 있는 부속물이기에 남성들의 관심을 불
러일으키기 충분했을 것이다.

망건은 남성들의 필수 품목이지만 대체로 주변 사람 중 신
분이 높거나 제주에 사는 사람이 보내 주는 경우가 많았다. 그
런데 1619년 2월 5일에는 처음으로 망건을 샀다는 기록이 보인

다.[9] 망건의 비용은『인재일록』에서 확인되는바 목면 1필 값에 해당한다. 1619년 1월 24일, 제주에서 온 망건을 팔아 윤 씨 집의 관판棺板값을 치르고자 했더니 정득지가 목면 1필 값으로 교환해 주었다는 기록이 이를 뒷받침한다.

이처럼 망건을 장만하는 방법에도 변화가 생긴 것이다. 즉 시전에서도 구입할 수 있었으며, 군인들로부터 구입하는 것도 가능해졌다. 1731년(영조 7)『훈국등록』의 기사에 따르면, 난전의 폐단이 심해지면서 군문 소속의 군인들이 망건을 팔기 시작했다는 기록이 있다.[10]

인상을 바꾼 망건 두르기

조선 후기 실학자 이덕무가 쓴『청장관전서』를 보면, 망건이란 머리털을 싸매기만 하면 되는 것이니 바싹 죄어 매서 이마에 눌린 흔적이 있게 해서는 안 되고 늘어지게 매서 귀밑에 흩어진 털이 있게 해서도 안 된다고 했다. 또 눈썹을 눌리게 매지도 말고 눈꼬리가 위로 치켜들게 매지도 말라고 했다.[11] 이처럼 망건은 그저 머리에 둘러 흘러내리는 머리가 없도록 깔끔하게 정리하면 되는 물건이다. 그러나 이 망건을 어떻게 치느냐에 따라 인상은 180도 달라진다. 흐리멍덩하게 보일 수 있는 인상은 망건 하나로 조선시대 샤프한 사대부로의 변신이 가능하다.

그렇다면 과연 그 망건은 어떻게 쳐야 한단 말인가? 조선 사람들은 망건을 풀고 나면 그곳에 상처가 나기도 하고, 심지어는 피가 홍건할 정도였다고 하니 얼마나 단단히 묶었는지 가늠할 수 있다. 이쯤 되면 망건의 원래 목적은 사라진 지 오래다. 왜 이런 고통을 감수하면서까지 망건을 단단히 매었는지 궁금해질 수밖에 없다.

【그림 5】의 강이오(1788-?) 초상화를 보자. 강이오는 망건을 어찌나 단단히 쳤는지 이마의 위아래가 눌리고 눈썹의 꼬리가 약간 올라가 있다. 이마는 팽팽해지고 심지어 볼록하게 튀어나오기까지 했다. 어느 곳 하나 어리석어 보이거나 희미해 보이지 않는다. 오히려 전체적으로 긴장되고 의욕적으로 보이는 동시에 젊어 보이기까지 한다. 망건이 보톡스의 효과와 맞먹는다.

편두통 그쯤이야

【그림 6】은 〈조씨삼형제 초상〉이다. 그중 【그림 7】의 하단 오른쪽에 있는 조강趙岡(1755-1811)의 모습을 보자. 망건을 일직선으로 두른 것이 아니기 때문에 완만한 산 모양을 하고 있다. 이마 중심부는 위로 올라가고 옆 부분은 귀 위에서 눌러 줌으

그림 5 이재관, 〈강이오 초상〉의 부분, 국립중앙박물관

그림 6 작자 미상, 〈조씨삼형제 초상〉, 국립민속박물관

그림 7 〈조씨삼형제 초상〉의 부분, 국립민속박물관

로써 완만한 S자 형태이다. 망건을 처음 사용한 것은 홍무 때이다. 고황제가 신락관神樂觀에 거둥하여 한 도사가 실로 망건을 떠서 머리칼을 싸매는 것을 보았다. 편리해 보여 자신도 거울 앞에서 이를 써 보고 크게 기뻐하며 온 천하에 사용하도록 명령하였다. 이후에는 실로 짜던 것을 말갈기인 말총으로 대신하여 졸라매었다. 앞이 높고 뒤가 낮아서 마치 범이 쭈그리고 앉아 있는 모습과 같아 호좌건虎坐巾이라고도 하였다. 이렇게 두른 망건은 벗을 때 당줄을 풀지 않고 위에서 잡아 올려 벗길 수 있다. 지금이야 탈모를 끔찍하게 싫어하지만 조선시대에는 머리털이 일찍 벗겨지는 것을 출세상으로 여겼다. 이마를 훤칠하게 보이기 위해 이마에 난 털을 밀기도 하고 족집게로 뽑기도 했다. 또 망건을 잔뜩 죄어 매고 위에서 뽑듯이 망건을 벗겨 내 손쉽게 머리털을 뽑기도 했다.

그러나 머리카락이 빠질 정도로 또 피가 날 정도로 단단히 친 망건은 편두통을 불러오기 일쑤였다. 그렇다고 인상을 쓰고 있을 수도 없다. 이때 남성들의 고통을 해방시켜 주는 도구가 있었으니 바로 '살쩍밀이'이다. 원래 살쩍밀이는 살쩍, 즉 관자놀이 부분에 빠져나온 머리카락을 망건 속으로 밀어 넣을 때 사용하는 물건이다. 그런데 편두통이 오면 이 살쩍밀이를 관자놀이 근처의 망건 속으로 슬쩍 넣어 망건을 들었다 났다 하면서 고통을 완화시키는 데 사용했다. 아무나 멋쟁이가 되는 것은 아니다!

갓, 쓰지 말고 얹어야 제맛

갓은 조선시대 사대부 남자들이면 누구나 외출할 때 착용하는 대표적인 모자이다. 갓은 고급일수록 가느다란 말총으로 만들기 때문에 비를 맞거나 바람만 세게 불어도 금방 망가진다. 조선시대 사대부 남성들이 자신만큼이나 소중히 여길 수밖에 없었던 갓에는 어떤 매력이 숨어 있을까?

모양따라 세월따라

갓은 【그림 8】과 같이 크게 두 부분으로 나눈다. 하나는 머리에 쓰는 모정 부분으로 대우 또는 총모자라고 하며, 다른 하나는 챙 부분인 양태이다. 고급의 대우는 말총으로 만들고 양태는 대나무를 잘게 쪼개 만드는데, 그 위에 비단을 더하면 진사립眞絲笠이 되고, 포를 올리면 포립布笠이 된다. 일반적으로 '갓'이라고 할 때에는 흑립을 이야기하지만 색깔에 따라서 붉은색은 주립朱笠이라 하고, 흰색은 백립白笠, 소색은 초립이라고 한다.

　대나무를 머리카락처럼 가늘게 쪼갠 세죽사나 말총으로 대우를 만들고 세죽사로 양태를 만든 후 둘을 연결함으로써 하나의 갓이 완성된다. 전문적으로 분업화된 각각의 기술이 협업을 통해 하나의 형태인 갓으로 재탄생되는 것이다. 모자인 대우는 모정이 평평하며 위가 조금 줄어든 상협하관上狹下寬의 원통형으로 제작된다. 이는 모자장의 몫이다. 또 양태는 아래쪽이 약간 우긋한 곡선을 이루도록 버렁을 잡아야 하는데 이는 '트집잡기'라고 하여 고도의 기술이 필요한 부분이다. 이는 양태장이 맡는다. 다음에는 대우와 양태를 연결해야 하는데 이는 입자장의 역할이다. 【그림 9】에서도 다섯 사람이 갓방에 모여 일을 하고 있다. 나이가 든 세 사람 중 두 사람은 양태를 만지고 있으며, 한 사람은 대나무를 쪼개고 있다. 뒤쪽에 있는 젊은 사람 중한 사람은 대우 부분에 세죽사를 붙이고 있으며, 또 한 사람도대나무를 쪼개고 있다. 분업을 통해 전문성이 갖추어질 때 비로소 갓이 완성된다.

　이들 갓은 시대에 따라 대우와 양태의 크기가 달라진다. 갓모양의 변천을 역대 왕조별로 살펴보면 연산군 말에는 대우가낮고 양태가 넓지만, 중종 말에는 대우가 극히 높고 양태는 좁다. 명종 이후에 다시 모정이 낮아지고 양태가 넓어졌다가 선

대우

양태

흑립, 국립민속박물관

김준근, 〈갓방〉, Museum am Rothenbaum(MARKK), Hamburg

조 대가 되면 대우는 높아지지만 양태는 다시 좁아진다. 광해군 대에는 양태가 크고 대우가 낮아졌다가 인조 대 이후 다시 모정도 높고 양태도 넓은 큰 갓으로 변화한다. 숙종 대 잠시 작아졌으나 영·정조 대 넓어진 갓은 순조 말기가 되면 어깨를 덮을 정도에서 앉은 사람을 완전히 덮을 정도로까지 커졌다. 다시 갓이 작아진 것은 고종 대에 이르러서이다.[12] 시대의 흐름에 따라 대우와 양태의 크기가 차이를 보이는 것은 그만큼 갓에 대한 관심이 지대했음을 방증하는 것이다. 이렇듯 회화 자료를 통해 시대상을 파악하는 것은 그림 보는 맛을 배가시킨다.

남성들의 전유물, 언어의 유희가 되다

조선시대 사람들이 늘 착용하는 갓은 그들의 애장품이기도 하다. 그렇기에 갓을 보고 느끼는 감정은 남다르다. 『연암집』에는 갓에 대한 연구聯句를 기록해 놓고 있어 우리에게 당대 사람들의 감정을 그대로 느끼게 한다. 더욱이 이들은 갓의 외형뿐 아니라 갓을 통해 드러내고자 했던 당시인의 복식관까지도 정확하게 간파하고 있었다. 먼저 연암은 갓의 모양에 대해 시를 지었다. 둥근 갓 양태는 부처의 광배 같고 볼록한 갓모자는 의서에서 그린 위 같다고 했다. 또 패영의 모습을 보고 벼슬아치는 뺨 왼쪽에 산호 매달았고, 선비는 턱 양쪽에 비단 끈 드리웠다고 하여 갓끈을 통해 선비와 벼슬아치를 구분하기도 한다. 또 벼슬하던 종님에나 짓신이 힙딩하고, 궁격히면 견립에더 짚신이 합당하다고 하여 신분 및 경제적 능력이 갓의 종류를 제한하였음도 알 수 있다.

연암 박지원이 주로 외형적인 면을 언급했다면 이덕무는 갓의 소재 및 관리까지도 파악하고 있었다. 그는 옻칠 말리는 건 비 오고 구름 낀 날을 틈타고, 아교로 붙이는 건 불기운을 빌려야 한다고 했다. 또 '제주도 갓은 매미 날개보다 더 얇고, 고려 때 갓은 비취새처럼 물들였지'라고 하여 시대별 특징까지도 꿰뚫고 있다. 뿐만 아니라 습기 찰세라 노끈으로 팽팽히 당겨 두고 더럽혀질세라 갓집에 싸서 둔다고 하여 관리까지도 남자들의 몫이었음을 알 수 있다. 끝으로 유득공은 갓의 차림새에 따라 느낌이 달라진다는 것을 알고 있었다. 그렇기에 머리 뒤로 젖혀 쓰면 방탕해 보이고, 이마 쪽으로 눌러쓰면 성난 듯하다고 하여 갓을 어떻게 써야 하는지 밝혀 놓았다. 박지원·이덕무·유득공이 지은 한시를 통해 갓의 형태나 갓을 쓰는 모습, 갓을 손질하는 방법, 갓을 만드는 방법은 물론 갓의 보관에 이르기까지 갓에 대해 남자들이 훤히 꿰뚫고 있었음을 알 수 있다.

사대부 남성들이 갓에 대해 이렇게 자세하게 알 수 있는 것은 갓의 관리까지도 남성들의 몫이었기에 그만큼 관심이 컸던 것으로 이해된다. 서유구는 『임원경제지』에 위생에 대한 개념을 중시하면서 갓의 세탁법에 대해 기록해 놓고 있다. 그는 갓에 묻은 오염을 제거하기 위해 '세립오법洗笠汚法'을 이용하였다.[13] 서유구는 갓이 오염되는 가장 큰 이유가 머리에서 나오는 기름과 땀 때문이라고 이해했다. 그는 갓에 묻은 땀과 특히 머리를 정리할 때 바르는 동백기름 등이 먼지를 달라붙게 만드는 요인이라고 생각하고 『물류상감지』를 인용하여 검은콩을 진하게 달여서 그 물로 씻어 내면 오염이 빠진다고 했다.[14] 이렇듯 남자들의 최대 관심사였던 갓이었기에 누구나 다 갖추고 있는 것처럼 보이지만 꼭 그런 것도 아니었다. 유득공은 머리 크기가 같다면 친구 사이에는 빌려줄 수도 있다고 하였으니, 이로써 모두가 갓을 가지고 있었던 것은 아니었음을 알 수 있다.

얹어 놓은 갓

갓이 흥미로운 것은 '과연 저 갓이 머리에 쓰는 것일까' 하는 의문 때문이다. 머리가 들어가기에는 너무 좁다. 그러니 썼다고 하기보다는 얹어 놓았다고 하는 것이 맞을 것 같다. 과연 남성들은 이 갓을 어떻게 썼을까?

【그림 10】의 첫 번째 남자는 갓을 똑바로 올려놓고 갓끈도 단단히 매어 놓아 흐트러짐이 전혀 없다. 그런데 두 번째 남자는 갓이 뒤로 젖혀져 있다. 소금만 바람이 불어도 넙게 뒤도 넘어갈 수 있는 상황이다. 다행히 갓끈을 손으로 잡고 있다. 세 번째 남자는 어떠한가? 그는 갓끈을 묶고는 있어도 갓이 옆으로 상당히 기울어져 있어 언제 벗겨질지 모르는 상황이다.

그림 10 갓을 쓴 모습, 왼쪽부터 신윤복, 〈월하정인〉의 부분, 〈쌍검대무〉의 부분, 〈주유청강〉의 부분, 한국데이터베이스산업진흥원

상황이 이렇다 보니 이덕무는 『청장관전서』에 갓을 쓸 때 주의해야 할 점을 적어 놓았다. 그의 당부를 들어 보자. 첫 번째는 갓을 쓸 때 앞으로 숙여 쓰지 말라고 했다. 챙 밑으로 남의 기색을 흘겨 살피게 되니 떳떳하고 길한 기상이 될 수 없다는 것이다. 두 번째는 갓을 뒤로 제쳐 쓰지 말고, 끈을 움켜잡아 매지 말고, 흘어 매지 말고, 귀에 내려오게 매지 말라고 했다. 아마도 대부분의 남자들이 갓을 제대로 쓰지 않았기 때문에 그런 주의 사항을 말했을 것이다.

『예기』에서도 군자는 옷만 갖추고 용의가 없는 것을 부끄러워해야 한다고 했다. 단지 옷만 갖추었다고 하여 군자가 되는 것은 아니라는 것이다. 즉 바른 자세를 유지하고 흐트러지지 않는 모습을 보여 줄 때 군자로서 위용을 갖춘 이상적인 모습으로 인식했던 것이다. 그러나 조선의 선비들은 그런 모습을 추구했던 것이 아니다. 왜 그랬을까?

【그림 11】의 두 남자의 갓을 보면 둘 다 머리에 갓을 올려 사대부로서의 품위는 지키고 있다. 그러나 한 남자의 패영이 가슴 앞에 길게 늘어져 있으며, 다른 남자의 패영은 왼쪽 귀 곁에 걸어 올려져 있다.

배 아래로 길게 늘어진 패영이 걸어 다닐 때 가슴과 배를 탁탁 치게 되니 빠른 걸음으로 걸을 수는 없었을 것이다. 양반의

그림 11 신윤복, 〈청금상련〉의 부분, 한국데이터베이스산업진흥원

그림 12 JJohn McLeod, Islanders of Sir James Hall's Group, *Narrative of a Voyage*, John Murray, 1817, p. 63.

느릿느릿한 걸음걸이로 봐서는 당연한 결과였다. 또 앉아 있다 하더라도 거추장스러움을 피할 수는 없었다. 그렇다고 패영을 떼어 내기에는 아쉬움이 남는다. 패영은 산호, 호박, 밀화, 대모, 수정 등을 꿰어 만드는 것으로 남자의 재력을 과시하는 데 손색이 없는 물건이다.

그러다 보니 새롭게 고안한 것이 패영을 귀 곁에 걸어 올려 자신을 과시하는 용도로 사용한 것이다. 이러한 사정은 모르긴 몰라도 외국인의 눈에 패영이 멋을 내기에 충분한 것으로 보이게끔 했나 보다. 알세스트호의 군의관이었던 맥레오드는【그림 12】에서 보이듯 옷은 서양복을 입고 있지만 모자만큼은 갓을 쓰고 거기에 패영까지 멋들어지게 걸어 올려놓았다. 거기다가 손에는 담뱃대를 쥐고 있다. 새롭고 흥미로운 갓의 패영에 관심을 가졌으며, 그것을 놓치지 않고 그림으로 남겨 놓았으니 조선 사대부들의 은근한 멋내기에 매료되었음이 분명하다.

가체, 목이 부러질지라도

조선 후기 '가체 때문에 목이 부러져 죽었다'는 기록은 이미 널리 알려진 사실이다. 진실은 이렇다. 새로 시집온 새색시가

방 안에 앉아 있다가 시아버지가 방에 들어오시자 벌떡 일어났다. 그런데 무거운 가체가 목을 눌러 목뼈가 부러진 사고가 일어났다. 얼마나 무서웠으면 일어나다가 목뼈가 부러졌을까? 더욱이 감당도 하지 못할 가체는 왜 올리고 있었던 것일까? 도대체 가체가 뭐라고 죽음까지도 불사했단 말인가.

가체, 미인의 기준이 되다

조선시대 미인의 기준은 얼굴보다는 머리였다. 머리카락이 얼마나 검고 길며, 윤이 나는가에 달려 있었다. 그러니 여성이라면 누구를 막론하고 길고 풍성한 머리카락을 갖고 싶어 했고 그것이 여의치 않을 때에는 남의 머리카락을 이용해서라도 큰 머리를 만들고자 했다. 이때 내 머리카락이 아닌 다른 사람의 머리카락으로 만든 일종의 가발을 이용해 꾸미는 것이 가체이다. 우리나라 사람들의 머리카락은 일찍이 명나라에까지 그 명성이 자자했다. 그러다 보니 사신이 오면 늘 요청하는 공물 중 하나가 되어 가체의 값은 천정부지로 뛰어올랐다. 머리를 높이 올리고자 하는 여인들의 욕구 또한 줄어들지 않았다.

가체加髢 제도는 고려 때부터 시작되었다. 그러나 본격적으로 문제가 된 것은 영조 대에 이르러서이다. 가체로 인한 사치가 날로 심해져 부인이 한번 머리를 꾸미는 데 드는 비용이 수백 금金이 들게 되고 그러면서 서로가 가진 가체를 자랑하다가 점점 더 높고 큰 것을 숭상하면서부터이다. 큰머리를 만들기 위해서는 기본적으로 머리숱이 많아야 한다. 그러나 모든 사람이 다 큰머리를 만들 수 있을 정도의 머리숱을 가지고 있는 것은 아니다. 이제 필요한 것은 머리를 크고 풍성하게 땋기 위한 별도의 머리카락인 가체이다. 그리고 어디에 어떻게 몇 개를 넣느냐가 가체의 크기를 결정한다. 왕실에서는 많게는 체발 68단 5개를 사용했다[15]는 기록과 함께 적게는 20단까지 사용했다.[16]

【그림 13】을 보면 머리를 땋고 있는 젊은 여성의 앞쪽에 체발髢髮이 놓여 있는 것이 보인다. 이 체발은 머리를 땋는 중간중간에 끼워 넣으며 머리를 최대한 크고 풍성하게 땋는다. 여인의 땋은 머리가 충분히 크고 통통한데도 더 넣어야 할 꼭지가 아직 4개가 더 남아 있다. 과연 얼마나 많은 체발을 넣어야 만족할까?

양쪽으로 머리를 다 땋은 여인은 【그림 14】와 같이 타원형의 다리가 되도록 가운데에서 댕기로 묶었다. 여기까지가 큰머리를 얹기 위해 공통적으로 해야 하는 머리 땋기 과정이다. 다음으로는 【그림 15】와 같이 뇌후부에서 머리를 돌려 크고 높게 얹음으로써 최고의 가체를 완성한다.

신윤복, 〈계변가화〉의 부분, 한국데이터베이스
산업진흥원

신윤복, 〈단오풍정〉의 부분, 한국데이터베이스
산업진흥원

신윤복, 〈기녀〉의 부분, 한국데이터베이스산업진
흥원

가체, 나라의 골칫거리가 되다

　이제 본격적으로 각자의 얼굴형에 따라, 심미안에 따라 자신에게 어울리는 헤어스타일을 만들어야 한다. 일단 하나로 연결된 타원형의 땋은 머리를 뇌후부에서부터 틀어 올린다. 언뜻 보면 다 같은 스타일로 보이지만 절대 그렇지 않다. 어떤 사람은【그림 16】과 같이 정수리 부분을 더 높이 올렸고, 어떤 사람은【그림 17】과 같이 앞뒤로 길게 내렸으며, 또 어떤 사람은【그림 18】과 같이 비대칭을 만들면서 전체적인 조화가 흐트러지지 않게 꾸미고 있다. 그러나 이들의 모습에서 공통적으로 느껴지는 것은 손으로 받치지 않고는 도저히 감당할 수 없을 정도의 크기와 무게이다.

　모든 여성의 로망이 되어 버린 큰머리는 점점 더 사치로 흘러 나라의 골칫거리가 되기에 이르렀다. 1747년(영조 23) 가체를 없애는 대신 족두리를 얹는 것으로 머리치장에 대한 대체제가 마련되었다. 처음 생각은 단순히 검정색 비단으로 싼 작은 모자인 족두리를 얹는 정도였다【그림 19】. 그러나 그것만으로는 여성들의 욕구를 채울 수 없었다. 이에 한 여인이 작은 모자 위에 진주 하나를 올렸다. 이를 본 또 다른 여인은 진주 위에 산호를 올렸고, 또 다른 여인은 진주와 산호 위에 마노를 올렸다. 1줄

그림 16 김홍도, 〈큰머리 한 여인〉의 부분, 서울대학교박물관

그림 17 채용신, 〈전채용신팔도미인도〉의 부분, 한국데이터베이스산업진흥원

그림 18 채용신, 〈전채용신팔도미인도〉의 부분, 한국데이터베이스산업진흥원

그림 19 민족두리, 숙명여자대학교박물관

그림 20 칠보족두리, 국립민속박물관

로 만족하지 않은 여인은 2줄, 3줄을 장식했다. 결국 단순했던 족두리는 그 어떤 가체보다도 비싼 칠보족두리가 되고 만 것이다【그림 20】.

가체신금사목을 내리다

칠보족두리는 가격도 가격이지만 아름다운 머리카락을 보여 주는 데에는 한계가 있다. 더욱이 족두리를 올려놓는 곳이 정수리이다 보니 더 이상 얹은머리를 만들 수 없게 되었다. 머리는 자연스럽게 뒤통수 쪽으로 길게 늘어지거나 쪽을 찌는 형태로 바뀌었다. 그럼에도 불구하고 가체로 인한 폐해가 지속되자 1788년(정조 12) 가체를 금할 것을 규정한 『가체신금사목加髢申禁事目』이 반포되었다. 이 규정은 양반에게만 국한되지 않았다. 가체는 일반 백성들의 삶 속에까지 깊숙이 들어와 있었기 때문에 한문본과 언문본이 동시에 반포되었다. 이제 혼인을 한 지 6, 7년이 지나도 가체가 없어 제대로 시부모님께 예를 올리지 못하는 폐륜은 사라졌다. 또한 목이 부러지는 일도 일어나지 않았다. 그러나 길고 윤이 나는 검은 머리를 자랑하고 싶은 여인들의 속내까지는 어찌하지 못했다.

【그림 21】의 '가체신금사목'에서는, 첫째, 사족의 처첩과 여

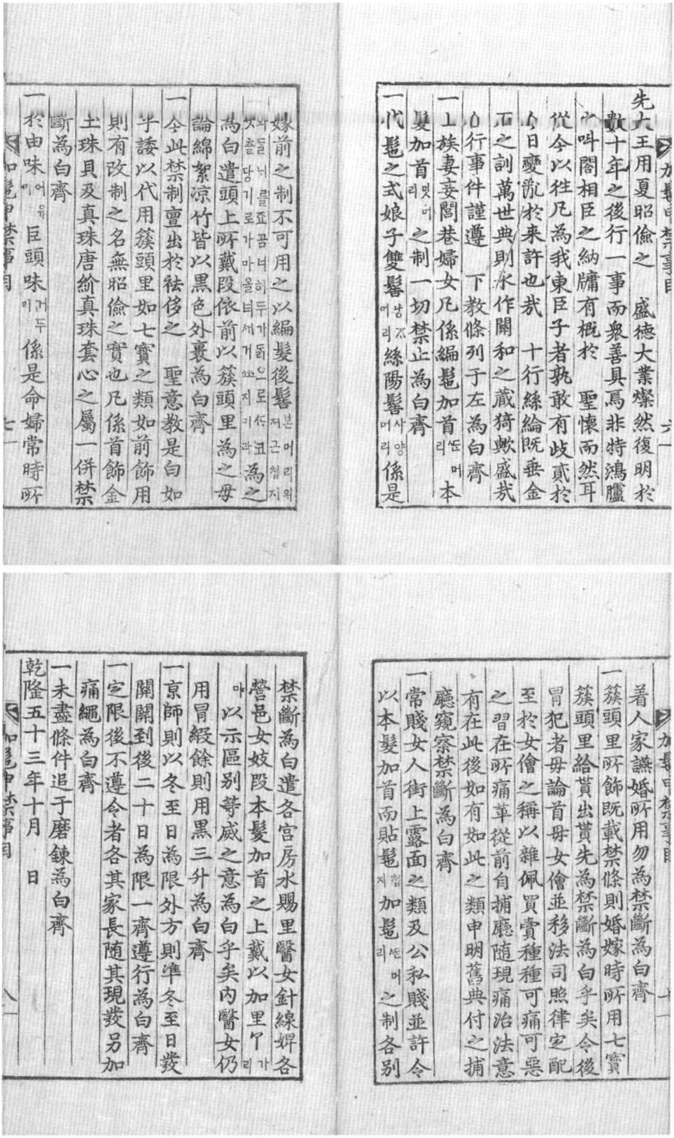
先大王用夏昭儉之 盛德大業燦然復明於
數十年之後行一事而衆善具焉非特鴻臚
唱閤相臣之納牖有槪於 聖懷而然耳
從今以往凡爲我東臣子者孰敢有歧貳於
今日變亂於來許也哉 十行絲綸旣垂金
石之訓萬世典則永作關和之蔵猗歟盛哉
行事件謹遵 下敎條列于左爲白齊
一士族妻妾閭巷婦女凡係編髢加首本
髮加首之制一切禁止爲白齊
一代髢之式娘子雙髻絲陽髻係是

嫁前之制不可用之以編髮後髻
爲之
爲白遣頭上所戴段依前以簇頭里爲之毋
論綿絮涼竹皆以黑色外裹爲白齊
一今此禁制寔出於袪侈之 聖意敎是白如
乎誇以代用簇頭里如七寶之類如前飾用
則有改制之名無昭儉之實也凡係首飾金
玉珠貝及眞珠唐紒眞珠套心之屬一倂禁
斷爲白齊
一於由味巨頭味係是命婦常時所

着人家議婚所用勿爲禁斷爲白齊
一簇頭里所飾旣載禁條則婚嫁時所用七寶
簇頭里給貰出貰先爲禁斷爲白乎矣今後
冒犯者毋論首毋女僧並移法司照律定配
至於女僧之稱以雜佩買賣種種可痛可惡
之習在所痛革從前自捕廳隨現痛治法意
有在此後如有如此之類申明舊典付之捕
廳窺察禁斷爲白齊
一常賤女人街上露面之類及公私賤並許令
以本髮加首而貼髢加髢之制各別

禁斷爲白遣各宮房水賜里醫女針線婢各
營邑女妓段本髮加首之上戴以加里了
以示區別等威之意爲白乎矣內醫女仍
用冒緞餘則用黑三升爲白齊
一京師則以冬至日爲限外方則準冬至日發
關關到後二十日爲限一齊遵行爲白齊
一定限後不遵令者各其家長隨其現發另加
痛繩爲白齊
一未盡條件追于磨鍊爲白齊
乾隆五十三年十月 日

그림 21 『가체신금사목』의 부분, 한국학중앙연구원 장서각 소장

염 부녀자들이 편체編髢(딴머리)를 머리에 얹거나 본머리(밋머리)를 머리에 얹는 것을 일체 금하도록 했다. 둘째, 다리 대신 사용하는 형식은 낭자쌍계인 낭자머리나 사양계인 새앙머리는 출가전의 제도이므로 사용할 수 없으니, 편발후계編髮後髻를 한다. 이는 본머리에 작은 첩지와 다리를 조금 넣어 두 가닥으로 땋고, 끝을 댕기로 감아올려 섞어 조짐한다고 하였으니 조짐머리를 하되, 머리 위에 쓰는 것은 예전처럼 족두리를 사용하며, 면서綿絮로 만든 것이나 양죽凉竹으로 만든 것을 막론하고 모두 검은 천으로 겉을 싼다고 하여 족두리를 만드는 방법에 솜과 대나무가 사용되었음을 알 수 있다. 셋째, 족두리에 칠보 따위를 여전히 수식한다면 제도를 고쳤다는 명목만 있고 검소함을 밝히는 실질은 없을 것이니 모든 머리 장식에 금옥, 주패, 진주당개眞珠唐紒(진주댕기), 진주투심眞珠套心 따위를 일체 금지한다. 넷째, 어유미와 거두미는 명부가 평상시 하는 것이고, 일반 백성들은 잔치와 혼인에 쓰는 것으로 금지하지 않는다고 하여 일반 백성들에게는 잔치와 혼례 때 허용되었던 머리이며, 이때만큼은 수식이 가능했음을 알 수 있다. 다섯째, 족두리를 꾸미는 것은 이미 금하였는바 결혼할 때 사용되는 칠보족두리는 세를 주거나 세를 내는 것부터 먼저 금단하며, 영이 내려진 후 법을 어기는 자는 수모, 여승을 막론하고 모두 법사로 이송하여 율에 비추어 정배定配한다고 했다. 족두리의 유통을 엄격히 규제하고 있음을 알 수 있다. 여섯째, 길 위에서 얼굴을 드러내 놓고 다니는 상천常賤여인 및 공사천은 모두 본머리를 머리 위에 녔뇌 섭세貼髢(첩지), 가체加髢(딴머리)의 제도는 각별히 금단하고, 각 궁방, 수사리, 의녀, 침선비, 각 영읍의 여기女妓는 본발을 머리에 더하고 위에 가리마加里亇로 구별하여 등위를 보여 주는 뜻으로 삼되 내의녀는 그래도 모단冒緞을 쓰고 나머지는 검은색의 삼승포를 사용하라고 하였다. 여인들에게 엄격한 잣대를 들이대며 사치도 막고, 엄격하게 신분도 구분하고자 했다.

조바위, 프랑스인조차 갖고 싶었던 모자

파란 눈을 지닌 사람들이 한국의 아얌, 남바위, 조바위에 매료된 까닭이 무엇일까? 단순히 새롭고 낯선 것에 대한 호기심이었을까 아니면 예술품을 알아보는 탁월한 심미안에 기인한 것일까. 19세기 말 20세기 초 한국을 다녀간 외국인 중 조선의 난모煖帽를 극찬하지 않은 사람이 없었으니 도대체 그 이유가 무엇일까?

만국박람회에 초대받다

프랑스의 민속학자 샤를 바라Charles Varat(1842-1893)는 한국을 '모자의 왕국'이라 칭했고, 외교관이었던 모리스 쿠랑Maurice Courant(1865-1935)은 '모자 발명국'이라고 했다.[17] 심지어 프랑스 화가 조세프 드 라 네지에르Joseph de La Neziere(1873-1944)는 '모자에 관한 한 아리스토텔레스에게 자문을 해 주어도 될 수준'이라고 했다. 모두가 한국 모자의 다양성에 놀라고 작품성, 예술성에 감탄했다. 더욱이 이들은 놀라움에 그치지 않고 우리 모자의 우수성을 벤치마킹하고, 세계에 소개하고자 했다. 1900년 파리 만국박람회에 한국관이 마련된 것도 그런 이유에서였다.

【그림 22】는 한국관 앞을 지나가고 있는 사람들의 모습을 담은 화보이다. 조선 사람 중 모자를 쓰지 않은 사람은 단 한 명도 없다. 그중에서도 가장 눈에 띄는 사람은 전면 중앙에 당당하게 서 있는 여성이다. 이 여성은 한쪽 다리를 앞으로 뻗고 가장자리에 모피를 두른 두루마기를 입고 있다. 팔에는 토시를 하고 손에는 주머니를 들었다. 거기에 붉은색의 아얌이 두루마기, 신발 색과 조화를 이루어 런웨이를 걸어가는 패션모델 같은 느낌을 준다. 프랑스 화보지 『르 프티 주르날Le Petiti Journal』도 이 모습을 놓치지 않았다.

그림 22 『르 프티 주르날』 526호, 1900년 박람회 삽화

프랑스 사람만 한국의 난모에 반했을까? 고대 로마의 조각에 나타난 아름다움을 볼 만큼 보았다고 자부하는『고요한 아침의 나라 조선』의 저자 새비지 랜도어A. Henry Savage-Landor(1865-1924)는 비너스의 곡선미마저 한국 여성이 입고 있는 한복과 아얌의 아름다움을 따라가지 못한다고 극찬했다.[18]

정수리가 뚫린 우리의 난모

모자는 기본적으로 머리에 내리쬐는 햇빛이나 비바람을 막기 위해 착용한다. 이에 더해 자신의 아름다움을 다양하게 표출하고자 할 때에도 효과적으로 기능한다. 물론 신분을 구분할 때에도 모자가 유용하지만 남성의 모자에 비해 여성들의 모자는 오히려 멋내기에 더 안성맞춤이다.

한국인의 모습을 가장 많이 그린 목판화가로 영국의 화가 엘리자베스 키스Elizabeth Keith(1887-1956)를 꼽을 수 있다.[19] 그녀는 특히 한국 여성의 남바위, 풍차에 매료되었다. 먼저 아얌의 형태를 보자【그림 23】. 아얌은 크게 머리에 쓰는 모자 부분과 뒤에 늘어지는 댕기의 드림 부분으로 구성된다. 이때 모자는 하단부와 상단부로 나누어지는데 하단부에는 검은 털을 덧대고, 상단부에는 비단을 누벼 줄무늬를 만든다. 그리고 뒤통수 쪽에 두

가닥의 댕기를 늘어뜨린다. 비단, 모피, 구슬 등 다양한 소재가 등장하는 것은 물론이려니와 산호, 봉술, 댕기 등이 흔들리며 활력을 불어넣는다. 여기에 정수리를 열어 놓아 머리를 차게 한 것은 건강에도 도움을 준다. 한의학에서 말하는 "족온무통足溫無痛 두냉무통頭冷無痛"이 난모를 설명하기 좋은 사례이다. 발이 따스하고 머리가 서늘하면 건강한 것이며, 질병의 예방이나 치료의 원칙에서도 발은 따뜻하게 하고 머리는 차게 해야 한다고 하였으니, 여성 난모야말로 건강의 실천 방안으로 최적화된 것이 아니었을까.

또 다른 난모인 【그림 24】의 남바위를 보자. 남바위는 이마에서부터 삼단의 곡선이 마치 제비꼬리와 같은 모양이다. 귀와 머리, 이마를 가리며 가장자리에는 털로 선을 둘러 뒷덜미를 덮는다. 이때 가장자리에 두른 털로는 돈피獤皮, 사피斜皮라고도 하는 '담비'의 털을 최고로 쳤다. 담비는 족제빗과에 속하는 포유동물로 몸통은 가늘고 길며, 꼬리는 몸통 길이의 2/3 정도로 매우 길다. 털은 색채가 매우 아름답고 윤택이 나며 치밀하고 부드럽다. 또 가볍고 보온력이 뛰어나 조선시대 여성들에게 가장 사랑받던 귀한 모피이다. 여기에 볼을 가리기 위한 볼끼를 붙이면 '풍차'가 되어 남바위에 또 다른 새로움을 더한다. 모피에 대한 특별한 애정이 드러나는 모자이다.

그림 23 A. H. 새비지 랜도어, *Corea or Cho-Sen: The Land of the Morning Calm*, W. Heinemann, 1895

그림 24 엘리자베스 키스, 〈정월초하루 나들이〉, 국립민속박물관

이들 모자의 반전은 정수리에 있다. 모자는 머리를 덮는 것
이 기본이다. 그런데 조선 여성의 난모는 어느 것 하나 정수리
를 덮는 것이 없다. 오히려 정수리를 열어 놓고 그 위에 산호줄
또는 끈목을 늘어뜨리고 앞뒤에 비단술을 매달아 놓는다. 한 발
짝만 움직여도 산호줄, 비단술이 움직이고 뒤 댕기가 흔들리는
보요步搖의 미다. 외국인들이 보기에는 무척 낯설지만 의외로

다양한 매력을 발산한다.

가장 가져가고 싶은 모자, 조바위

조바위는 어떨까? 프랑스의 판화가 폴 자쿨레Paul Jacoulet
(1896-1960)는 한국인에게 특히 애정을 갖고 있었던 화가이다.
그는 일본에서 익힌 판화 기법으로 한국인의 모습을 그렸는데,
여기에도 조바위는 어김없이 등장한다. 영국의 영사관으로 조
선에 왔던 칼스W.R. Carles(1848-1929) 역시 여성의 모자 중 조바위

그림 25 폴 자쿨레, 〈보물〉의 부분, 국립중앙박물관

를 가장 매력적이면서 한국적인 것으로 꼽았다.[20]

【그림 25】에서 보이는 조바위는 앞이마에서 볼을 지나 목 뒤에 이르기까지 유려한 곡선으로 이루어진 모자이다. 이마를 가리고, 볼 부분의 외곽선을 따라가며 홈질을 둥글게 만든 볼 덮개는 안으로 오그라들며 얼굴을 감싼다. 그 뒤로 쪽 찐 머리는 밖으로 나오도록 뒤를 살짝 팠다. 가장자리에는 비단으로 바이어스를 만들어 덧대 주었다. 깔끔함과 고급스러움을 더해 주었다.[21]

조바위 안으로 양 볼이 오긋하게 들어가고 귀를 가리면 그 어떤 바람도, 추위도 막을 수 있다. 쪽 찐 머리와 가장 완벽한 조화를 이루는 조바위는 한국인을 위한 맞춤형 모자다. 그러나 조바위가 조선시대 여성에게 가장 사랑받았던 이유는 다른 데 있다. 이마와 양 귀를 덮는 조바위는 동양 여성의 얼굴을 더욱 작고, 입체적으로 만들어 상대적으로 여성의 이목구비에 집중하게 한다. 여기에 가리마를 따라 꿴 산호 구슬이 이마로 흘러내리면 시선은 자연스레 여인의 얼굴에 머문다. 세계 어디서도 볼 수 없었던 조바위, 그냥 두고 가기에는 너무 아까운 모자였을 것이다.

백옥 같은 피부, 천연화장품을 선도하다

미의 기준은 상대적이다. 오히려 시대성·계층성·수관성이 혼용되어 작용할 뿐이다. 그러나 늘 그렇듯 예외는 반드시 존재한다. 피부에 대한 절대성이다. 시대를 막론하고, 계층을 불문하고 맑고 깨끗한 피부를 선호하지 않았던 때는 단 한 번도 없었다.

화장, 노출일까 은폐일까

맑고 깨끗한 피부가 미의 기준이라는 큰 전제 아래 화장으로 어떤 점을 강조할 것인가 하는 것은 다른 문제이다. 중국이나 일본은 색조 화장을 선호했다. 특히 중국 여성들은 화장을 할 때 어디를 강조하느냐에 따른 기준으로 시대를 구분할 정도였다. 당나라 말기 더욱 짙어지고 화려해진 화장은 짙은 눈썹으로 바뀌었을 뿐 아니라 이마 사이에는 화전을 그리고, 볼 양옆에 사홍斜紅과 보조개에 해당하는 면엽面靨을 그려 넣었다. 이후 송대에서 명대, 청대를 거치며 이마, 콧등, 턱을 하얗게 칠하는 새로운 화장법이 등장했다. 【그림 26】과 같이 일종의 하이라이트 효과를 주어 얼굴을 입체적으로 만들었다. 중국 여성의 화장법은 얼굴이 작아 보이게 하는 데 효과적이었음을 방증한다.

일본 여성의 경우는 좀 다르다. 일본 여성은 얼굴의 이목구비를 드러내기보다는 단순하게 빨간색, 흰색, 검정색의 세 가지 색상을 사용해 타고난 얼굴이나 몸의 표면을 은폐하고자 했다. 얼굴과 목, 등까지는 백분으로 하얗게 덮어 가리고, 입술과 뺨, 손톱에는 빨간색을 칠해서 감추었다. 치아는 검정 칠을 해서 치흑齒黑을 만들고, 눈썹은 밀어 이마를 변형시켰다. 이는 일본 여성의 화장법이 자신을 드러내고 돋보이게 하는 것이 아니라 오히려 감추는 데 있었음을 알 수 있다【그림 27】.

그림 26 두동杜菫, 〈완고도玩古圖〉의 부분, 『明中葉人物畵四家特展』, 국립고궁박물원

그림 27 게이사이 아이센(渓斎英泉), 〈美艶仙女香〉의 부분, 국립국회도서관 디지털콜렉션

52

그렇다면 조선 여성은 무엇을 위해 화장을 했을까? 중국이나 일본과 달리 색조는 약하게 하는 대신 피부는 깨끗하면서 반질반질하게 보이도록 했다. 조선시대 미인의 기준은 얼굴이 아니라 머리카락에 있었다는 사실은 이미 앞에서 언급한 바 있다. 결국 길고 풍성한 머리를 더욱 돋보이게 하는 방법을 찾았을 텐데, 검은 머리와 대조를 이루는 백옥 같은 피부에 그 해답이 있었다.

'백옥'은 조선시대 여인들이 갖고자 했던 피부를 표현하는 일종의 상징이다. 【그림 28】의 백옥은 맑고 깨끗한 것에서 그치지 않는다. 백옥에는 윤기가 필수적이다. 더욱이 조선 여인들은 중국이나 일본 여성들에 비해 화장에는 별 관심이 없었다. 그러나 피부미용에서만큼은 결코 그 누구에게도 뒤지지 않았다.

그림 28 작자 미상, 〈미인도〉의 부분, 문화재청 국가문화유산포털

백옥 같은 피부, 기초화장에 충실하다

하얀 피부를 위한 조선 여인들의 피부 관리는 당연히 깨끗한 세안에서 시작한다. 이때 사용된 것이 녹두와 팥 등을 갈아 만든 조두다. 조두는 곡식의 껍질을 벗긴 후 곱게 갈아 체에 쳐 내 만든 가루비누다. 물로 얼굴을 적신 후 손바닥에 조두를 문혀 문지르면 때가 빠지고 살결이 부드러워진다. 여기에 녹두 가루는 기를 보호하고 열독까지 없애 준다. 아쉬운 점은 조두로 만든 세정제에는 날비린내가 난다. 조선 여인들은 날비린내를 그대로 사용하지 않고, 여기에 향을 넣어 고급의 향비누를 만들었다. 세정 효과는 물론 향기까지 나는 비누가 완성되었다.

깨끗하게 세안한 후에는 액체 상태의 미안수를 바른다. 얼굴과 목, 손, 팔 등 살갗을 부드럽게 하는 동시에 화장이 잘 받게 하기 위한 기초 케어 단계이다.

다음은 미안수이다. 조선 여인들의 지혜는 미안수를 만드는 원료와 방법에서 찾을 수 있다. 그들은 주변에서 쉽게 구할 수 있는 원료를 찾았으며, 재료의 성질을 십분 활용한 방식으로 미안수를 만들었다. 미안수를 만드는 가장 쉬운 방법 중 하나는 박이다. 가을에 박을 거두고 난 다음 뿌리에서 가까운 쪽의 박 줄기를 잘라 병에 꽂아 놓으면 미끈미끈한 즙이 나온다. 이것을 얼굴이나 목 등에 바르면 피부에 자연스러운 윤기가 흐르게 된다. 오이 역시 일상에서 쉽게 구할 수 있는 원료이다. 흔하다 보니 미안수를 만드는 방법도 다양하게 개발되었다. 오이 속을 삶아 씨를 걸러 낸 후 그 즙을 사용하기도 하고, 삶을 때 발생하는 증기 자체를 미안수로 사용하기도 했다. 이보다 더 간단한 방법으로는 오이를 얇게 썰어 그대로 붙이거나 액을 짜서 바르기도 했다.

또 유자를 미안수로 이용하기도 했다. 유자와 물, 술을 같은 분량으로 넣고 푹 끓여 삼베로 걸러 내면 겨울철에도 매끈한 피부를 유지할 수 있는 미안수가 만들어지며, 유자를 껍질째 정종에 담가 1개월 정도 두면 고농축의 '유자로션'이 된다. 이 밖에도 수박, 토마토, 당귀, 창포, 복숭아 잎 등 주변에서 일상적으로 구할 수 있는 자연 재료들을 이용해 미안수를 만들었다. 얼굴이 윤택해지면서,[22] 그들이 원하는 백옥 같은 피부가 완성된다. 조선시대 여성들의 화장법이야말로 "먹지 말고 피부에 양보하세요"라는 어느 화장품 광고 카피를 떠올리게 한다.

면지, 피부에 영양을 주다

미안수로 피부에 수분을 공급하고 나면 다음에는 면지를 바른다. 면지는 얼굴에 영양분을 공급하는 일종의 세럼이나 영양 크림에 해당한다. 빙허각 이씨가 쓴 『규합총서閨閤叢書』에서는 계란을 술에 담가 밀봉하여 약 한 달 정도 지난 뒤에 얼굴에 바르라고 했다. '얼굴이 트지 않을 뿐 아니라 윤택하여 마치 옥같이 되었다'는 조선판 후기가 존재한다. 실제 계란 노른자에 있는 레시틴 성분은 피부를 촉촉하게 가꾸어 줄 뿐 아니라 잔주름을 없애 주며, 흰자는 세정력이 있어 피지를 제거하는 데 효과적이라고 알려져 있다. 피부에 대한 조선 여성의 관심이 과연 얼마만큼이었기에 계란을 활용한 피부미용법까지 개발해 낸 것일까?

'윤기'에 대한 조선 여인들의 관심은 여기에서 그치지 않았다. 그녀들은 들깨, 살구씨, 목화씨, 쌀, 보리에서 추출한 기름을 직접 얼굴에 발랐다. 고본 기름은 새살을 돋아나게 해 주근깨와 여드름 치료에 효과가 있었다. 참기름은 신진대사를 활발하게 해서 기미를 없애고 촉촉한 피부를 만드는 데 효과적이었다. 모두 자연에서 얻은 순수한 화장품이다.[23]

2

흰옷,
한국인의 정체성을
드러내다

한국의 백색, 비애의 색인가? 축제의 색인가?

한국인이 즐겨 입었던 백색은 시대에 따라 보는 사람에 따라 서로 다르게 해석된다. 무엇이 그렇게 만들었는지 한마디로 단정 짓기는 어렵다. 그러나 백색에 대하여 우리나라 사람들과 그렇지 않은 사람들이 지닌 감정과 느낌은 확실히 달랐다.

백색, 비애의 색

우리의 흰옷 사랑은 전통이 오래되었다. 태양을 신으로 섬기는 원시 신앙에서 유래한 한국인의 흰색은 삼국시대에서 고려시대에 이르는 불교 사상, 조선시대의 유교 사상과 융합되면서 한민족을 대표하는 상징색이 되었다. 그렇기에 한국인에게 흰색은 단순한 색이 아니라 신성한 색, 상서로운 색, 자연 그대로의 색, 정신 또는 사상을 담은 색으로 인식되었으며, 그 속에서 우리 민족의 고유한 미적 감각과 문화를 담아냈다.

일본의 미술평론가 야나기 무네요시柳宗悅(1889-1961)가 바라본 한국인의 옷은 아무런 색도 지니지 않은 흰빛이거나 연한 옥색이었다. 흰색이든 옥색이든 그것이 무슨 문제였겠는가? 한국인의 옷에 대한 그의 감상은 남녀노소 모두가 같은 색의 옷을 입고 있다는 것에 대한 낯설음이었다. 막부시대 이후 일본인의 옷인 기모노는 대담한 장식과 함께 화려해졌다. 그런 기모노를 보고 자란 그였기에 충격이 더했을지 모른다.

야나기 무네요시는 '조선의 벗'으로 알려져 있다. 식민지 지배를 받던 조선의 상황에 가슴 아파하고, 조선을 침탈한 일본의 만행을 부끄러워했다. 하지만 그도 어쩔 수 없이 외부자의 시선으로 한국인의 흰옷을 바라보았다. 그에게 있어 한국인의 흰옷은 나라를 잃은 사람들의 일상화된 '상복'이었고, 색채의 결핍에서 온 애상의 미였다.

【그림 29】의 서직수(1735-?)는 1765년(영조 41) 진사시에 합격한 후 능참봉에서 시작하여 통정대부 돈령부 도정을 지낸 인물

그림 29 김홍도·이명기, 〈서직수 초상〉, 국립중앙박물관

그림 30 작자 미상, 〈한원진 초상〉, 국립중앙박물관

이다. 소색素色 도포를 입고 동파관을 쓰고 있는 모습에서 꼿꼿한 선비의 정신이 느껴진다. 소색은 흰색의 다른 표현이다. 소색은 본성, 본질, 본원, 시초의 뜻을 가진다. 결국 인간의 티 없는 본질, 물들지 않은 진심으로 우주 최고의 정신을 품는다. 【그림 30】의 한원진(1682-1751)은 송시열의 학문을 이은 권상하의 수제자이다. 성리학 연구에 몰두한 학자답게 심의를 입고 복건을 쓰고 있다. 흰옷에 검은색의 연緣을 두른 심의는 다른 포와는 달리 상의上衣와 하상下裳을 따로 재단하여 허리 부근에서 연결한 옷이다. 의는 하늘을 상징하는 건乾이며, 상은 땅을 상징하는 곤坤이다. 건은 곤을 통섭하므로 이 둘을 이어 붙임으로써 우주를 형성하게 된다.

이렇게 심오한 의미를 담고 있는 우리의 흰옷은 결코 다른 색으로 물들일 수 없으며, 소색에서 출발하여 흰색에 이르기까지 다양한 복색으로 만들어졌다. 그럼에도 불구하고 야나기 무네요시는 한국인의 흰옷에서 상복喪服을 떠올렸다. 우리 민족이 겪은 고통스럽고 의지할 데 없는 경험과 거기서 비롯된 한을 드러내기에 흰옷만 한 것이 없다고 본 것이다. 그는 단순히 복색으로 드러나는 소색 또는 흰색에 대한 자신의 감상을 이야기했을 뿐이다. 직물에 대해서는 알지 못했다. 한국인이 즐겨 입는 평상복은 목면이나 명주로 만든다. 상복을 만드는 데 사용하는 마포麻布, 즉 삼베와는 전혀 다른 직물이다. 상복을 입는 사람은 죄인이다. 죄인으로서 죽은 자에 대한 슬픔을 표현하기 위해 친소親疎 관계에 따라 상복은 삼베 올의 굵기를 날리해서 만들었을 뿐 색상으로 슬픔을 표현하지 않는다. 오히려 졸곡 이후 바뀌는 백의는 점차 길복으로의 변화를 암시한다.

백색, 축제의 색

흰색을 한국인의 색으로 인정한 것은 프랑스의 화가 조세프 드 라 네지에르Joseph de La Neziere(1873-1944)도 야나기 무네요시와 별반 다르지 않다. 그러나 그는 흰색에서 어떠한 슬픔도 찾지 않았으며, 하나의 색으로 뭉뚱그려 바라보지도 않았다. 오히려 백옥같이 밝은 흰색에서 거칠고 투박한 흰색에 이르기까지 아주 다양한 하얀색들을 있는 그대로 만났고, 그 속에서 생동감을 느꼈다. 조선의 거리에서 볼 수 있었던 흰옷의 물결은 서로 조화를 이루며 만들어 내는 하모니라고 극찬했다. 그가 감상한 우리의 흰옷은 여러 하얀 빛깔의 향연 그 자체였다. 그렇기에 세계 정세가 어떻게 바뀌더라도 한국인들은 영원토록 '백색 왕국'을 만들 것이며, 그렇게 불릴 것이라고 했다.

프랑스의 여행가이자 시인이며 문화인류학자인 조르주 뒤

크로Georges Ducrocq(1874-1927)는 『가련하고 정다운 나라 조선』에서, 한국인의 흰색을 동심 어린 조선인들의 성향과 가장 잘 어울리는 색이라고 평가했다. 여기에 길모어G. W. Gilmore(1857-?)는 조선 면포의 탁월함까지도 간파했다. 조선 사람들은 보통 면포인 무명을 가장 많이 입으며, 복색은 한국인의 때 묻지 않은 순수함을 담은 백색이라고 했다. 그들은 서울 어디를 가나 볼 수 있는 한국인의 밝은 흰옷에서 축제 같은 분위기를 느꼈고, 그 속에서 한국인들의 천진난만한 쾌활함을 찾아내기까지 했다.

백색, 여전히 한국인의 색

비애의 색으로 느끼건 축제의 색으로 느끼건 백색을 한국인을 상징하는 색으로 인지하였다는 데에는 의심의 여지가 없다. 거의가 한국인의 색으로 인정했고 순수함의 결정체라고 생각했다. 그러나 백색이 누군가에게는 슬픔을 연상시키는 비애의 색으로, 또 누군가에게는 기쁨을 떠올리는 축제의 색으로 다가갔을 뿐이다. 결국 한국인의 백색은 누가 어떤 상황에서 느끼느냐에 따라 달라진 것에 불과하다.

우리가 흔히 '백의'라고 할 때 백색은 어떤 색일까? 우리가 아는 'white'가 아니라 직물이 원래 가지고 있는 바탕색, 즉 연한

베이지에 가깝다. 그러나 여러 차례 세탁을 거치면서 햇빛에 색이 바래 흰색이 된다. 백의를 입었다고 할지라도 누구에게나 똑같은 백색이 아니다. 【그림 31】은 채용신이 그린 〈평생도〉 중 일부분에 해당하는 것으로 잔치를 구경 나온 백성들의 모습에서 베이지에서 흰색까지 넓은 스펙트럼을 확인해 볼 수 있다.

<u>그림 31</u> 채용신, 〈평생도〉의 일부, 국립중앙박물관

한산 세모시, 도포자락 휘날리며

여름은 단옷날 백저포로 만든 치마저고리, 바지저고리를 입으면서 본격화된다. '백저포'는 흰색의 모시를 뜻한다. 우리나라 모시에 대한 최초의 기록은 『삼국사기』에 '신라에서 삼십승저삼단三十升紵衫段을 당나라에 보냈다'에서 시작되며, 『계림유사』에 실린 '저를 모, 저포를 모시배(苧曰毛 苧布曰毛施背)'라고 한 기록에서 '저'의 다른 이름이 모시였음이 확인된다.

한산 세모시, 인류무형문화유산에 등재되다

우리나라 전통 모시의 한 폭의 너비는 30cm 내외이다. 그 폭 안에 몇 올의 실이 들어가느냐가 승수를 좌우한다. 승수는 80올을 1승으로 한다. 그러니 30승(새)이면 2,400올의 씨줄이 한 폭에 들어가야 하므로 모시의 굵기가 얼마나 가늘었는지 짐작할 수 있다. 모시는 통상 7새에서 15새까지 제직製織했으며, 보통 10새 이상을 세모시라고 한다. 『고려사』에는 혜종 때 진나라에 보낸 모시가 마치 '눈 같다'는 기록이 있을 정도로 고려시대의 특산물이었다. 이후 저포에 대한 기록은 조선시대까지도 자주 등장했으며, 충청도와 전라도 지역이 질 좋은 모시의 생산지

였음을 『지리지』를 통해 알 수 있다.

그중에서도 충청남도 서천군 한산면이 모시의 최적지이다. 한산모시가 특화될 수 있었던 것은 자연환경의 힘이다. 서해안을 끼고 있는 한산은 토양이 비옥하고 해풍으로 인해 습할 뿐 아니라 여름 평균 기온이 높아 모시가 잘 자랄 수 있는 최적의 조건이다. 여기에 전통 베틀에 전통 기술이 더해져 최고의 세모시가 탄생한다.

그러나 이런 조건만으로 인류무형문화유산에 등재될 수는 없다. 모시는 수확에서부터 태모시 만들기, 모시 째기, 모시 삼기, 모시 굿 만들기, 모시 날기, 모시 매기, 모시 짜기, 모시 표백 등의 힘든 공정을 거쳐야 한다. 그 과정에서 막대한 노동력과 기술을 필요로 한다.

모시 짜기를 하기 위해서는 먼저 모시를 수확하고 태모시를 만들어야 한다. 태모시는 모시의 겉껍질을 벗겨 내고 속껍질만 벗겨 물에 담가 불순물을 제거하고 햇볕에 4-5회 반복해서 건조시킨다. 다음으로 태모시를 잘게 쪼개는 모시 째기가 이루어진다. 이때 얼마나 균일하고 가는 모시 실을 만드는가가 모시의 품질을 좌우한다. 한산모시가 남다를 수 있는 것도 손이나 칼 등의 도구를 사용하지 않고 아랫니와 윗니로 태모시를 물어서 균일하게 째는 전통 방식을 고수하고 있기 때문이다. 이 과정

중에 치아에 골이 파이고 이가 깨지기도 한다. 모시 삼기는 쪼갠 모시 올을 이어 실을 만드는 과정으로 실의 굵기를 균일하게 하는 것이 큰 기술이다. 다음으로 모시 굿을 만들어 승수에 맞게 모시 날기를 한다. 모시를 짜기 전에 모시에 풀을 먹이는 과정을 모시 매기라고 하며, 모시를 짠 다음에는 물에 적셔 햇빛에 말리는 과정을 모시 표백이라고 한다.

사대부 남자의 멋드러진 도포가 만들어지고, 한 여인의 고운 옥색 치마가 완성되기까지는 또 다른 여인들의 땀과 정성, 전통의 기술이 어우러져야 가능하다. 2011년 인류무형문화유산에 등재될 수 있었던 것도 우리의 전통 기술과 공동체 문화가 살아 숨쉬는 삶의 현장이 높은 가치를 인정받은 결과이다.

여인들의 희생, 이골이 나다

모시를 짜기 위해서는 앞서와 같이 여러 단계를 거쳐야 하지만 그중에서도 한산모시의 정교함은 전적으로 여인들이 태모시를 얼마나 잘게 쪼개느냐에 달려 있다. 태모시는 손이나 칼등의 도구를 사용하지 않고 이를 이용하는데, 아랫니와 윗니로 태모시를 물어서 쪼갠다. 앞에서 언급했듯 이 과정에서 이에 골이 파인다. 우리가 흔히 말하는 '이골이 난다'라는 뜻이 이 과정에서 만들어졌다는 사실을 아는 사람은 그리 많지 않을 것이다. 결국 이에 골이 생길 정도로 능숙하고 숙련된 솜씨로 일 처리를 한 결과이지만, 그 속에는 여인늘의 고단함이 담겨 있다.

또 골이 파일 정도로 균일하고 가늘게 쪼갠 실의 두 끝을 무릎에다 대고 침을 묻혀 손바닥으로 비벼 연결시키는 모시 삼기 과정이 이어진다. 이 과정 역시 피로 얼룩져 무릎이 성할 날이 없었다고 한다. 다음은 한 필의 길이에 맞춰 날실의 길이대로 날고 새 수에 맞추어 날실의 올 수를 맞춘다. 올 수가 많을수록 가늘고 고운 모시가 된다. 이제 베틀에 모시를 걸고 짤 수 있도록 날실에 풀을 먹여 모시 매기를 한다. 이런 공정이 모두 어렵고 힘든 일이지만 이보다 지난한 것이 바로 모시 짜기이다. 모시 실은 건조하면 쉬이 끊어진다. 아무리 더워도 바람이 통하지 않도록 문을 꼭 닫고 눅눅한 상태에서 짜야 한다. 6월 말 장마 때부터 8월 말 처서 전까지의 찜통 같은 무더위는 고운 모시를 짤 수 있는 가장 좋은 시기이다. 바로 삼복더위 속 찜통 같은 움막에 들어가 베를 짜는 이유이다.

이렇게 힘든 노동임에도 불구하고 모시 짜기를 멈출 수 없었던 이유는 무엇일까? 모시 베를 짜는 일은 각자의 집에서 한다. 그러나 모시의 원사인 모시풀을 생산할 때부터 모시 매기를 할 때까지는 모두 한곳에 모여서 한다. 이는 모시풀을 수확하는 데 많은 노동력이 필요하기도 하지만 노동의 강도가 센 모시 째기·삼기·날기·매기 등은 여럿이 힘을 합해야만 하기 때문이다. 결국 '모시 두레'를 만들어 같은 동네에 사는 가족과 이웃이 모여 서로 의지하고 격려하며, 슬픔과 기쁨을 같이 나눈다. 이처럼 힘든 노동이지만 즐거운 노동일 수 있는 이유가 바로 공동체 문화가 있었기에 가능했다. 【그림 32】를 보면, 뒤쪽에서는 풀매기가 진행되고 있으며, 앞쪽에서는 며느리가 베틀에 앉아 옷감을 짜고 있다. 시어머니는 손주를 업고 뒤에 서서 지켜보고 있으며, 아들도 어머니가 열심히 일을 하는 모습을 보고 있다. 힘겨운 노동이지만 화목한 분위기가 느껴진다.

그럴 수 있는 실질적인 이유가 있다. 모시 짜기는 여성들이 경제력을 가질 수 있는 소득의 원천이었다. 직조를 잘하는 여성이 최고의 신부로 꼽히던 시절. 모시 짜기의 기술은 어머니가 딸에게 전수하는 일종의 '신부 수업'이었다. 여인들은 어려서부터 어머니 옆에서 베 짜기를 보고 자란다. 그러다 보니 직물을 짜는 것이 그리 어렵게 느껴지지 않았을 것이다. 더욱이 눈썰미가 있어 옷감을 짤 수 있다면 대단한 기능을 습득한 후 결혼을 하는 것이 된다. 여기에 길쌈 수업을 제대로 받은 여인은 밥공기 안에 한 필의 모시가 들어갈 정도로 가는 모시인 '바리베'를 짤 수 있는 탁월한 능력을 갖춘 것이다. 그러나 이런 베를 짜기

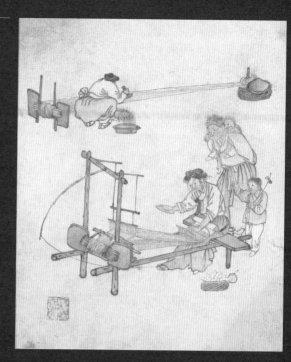

김홍도, 〈길쌈〉, 국립중앙박물관

김준근, 〈단오에 산에 올나 추쳔후고〉, Museum am Rothenbaum(MARKK),
Hamburg

신윤복, 〈청금상련〉의
부분, 한국데이터베이스산업진흥원

까지는 이에 골이 파일 정도로 모시를 잘게 쪼개고 무릎이 성할 날이 없을 정도로 여인들의 땀과 노력이 들어가야만 가능하다. 그러니 한산모시는 누구나 입을 수 있는 옷은 아니었다.

잠자리 날개 같은, 모시

고려시대의 기록에는 '매미 날개'인 선익蟬翼이라는 표현이 있다.[24] 또 맑고 고운 맵시를 표현하는 말 중에 '잠자리 날개 같다'는 말이 있다. 모두 모시를 두고 한 말이다. 그러나 같은 모시라 해도 실제로는 직물의 고운 정도, 직조 방식, 무늬의 유무에 따라 질은 천차만별이었다. 그럼에도 불구하고 고려시대 사람들은 왕에서부터 일반 백성들까지 모시를 매우 좋아했으며, 몽골인조차도 우리나라의 모시를 좋아했다. 모시를 짜는 방법도 다양했다. 직조 방식에 따라 경사에는 견사를, 위사에는 모시를 써서 사면교직을 짜기도 했으며, 저마사와 대마사를 섞어 짠 저마교직도 있었다. 이 외에도 경사에 면사를 쓰고 위사에 저마사와 면사를 번갈아 한 올씩 넣은 교직물도 있었다. 이러한 직조 방식은 여전히 건재하여 현재 충청남도 무형문화재 제25호로 지정된 '청양춘포짜기'로 이어져 경사에 견사를 쓰고, 위사에 저마를 쓴 춘포가 지금까지도 그 명맥이 유지되고 있다.

과연 전통시대에 모시를 입을 수 있는 사람들은 누구였을까? 일반적으로 모시는 남자 옷으로는 단령의 받침옷인 직령·답호·철릭·액수름 능을 비롯해 생의·심의·직심·속바지 등 기의 모든 옷에 사용되었으며, 여자 옷으로는 장옷을 비롯해 장저고리·치마·저고리·적삼 등의 옷과 함께 쓰개치마·처네·너울 등에는 물론이려니와 쓰개류에까지 다양하게 사용되었다.

【그림 33】은 〈단오에 산에 올라 추천하고〉를 그린 것으로 '그네뛰기' 하는 모습이다. 그네뛰기는 한자어로는 '추천'이라고 한다. 여인들이 단옷날 즐기는 대표적인 민속놀이이다. 이 그림을 보고 있으면 '세모시 옥색 치마 금박 물린 저 댕기가'로 시작하는 가곡이 그려진다. 물론 그림만으로는 모시 치마라고 단정할 수 없다. 그러나 시원스럽게 창공을 차고 나가는 그네를 따라 옥색 치맛자락이 휘날리면, 한여름의 더위도 치마와 같이 저 멀리 날아갔을 것이다. 또【그림 34】는 신윤복이 그린 〈청금상련〉의 일부이다. 〈청금상련〉은 '연당야유'라고도 불린다. 제목이 무엇이든 연꽃 핀 연못이 주된 배경이다. 연꽃은 7월과 8월 사이 한창 더울 때 피는 꽃이다. 이 더위에 갓을 쓰고 도포를 차려입은 남자들의 옷에는 단연 풀을 빳빳하게 먹인 모시 도포가 제격이다. 빳빳한 듯 윤기가 흐르는 도포는 모시에 풀을 먹여 몸에 달라붙지 않는 동시에 다듬이질 덕에 비단과 같이 윤

기가 흐른다. 누가 봐도 한여름에는 모시가 제맛이다.

원삼, 기쁜 날도 슬픈 날도 최고의 날을 장식하다

시속時俗에 대한 궁금증이 생겼을 때 현대인은 인터넷에서 자료를 검색한다. 그렇다면 옛 선현들은 어떻게 했을까? 그들은 스승과의 문답을 통해 해결하거나 스스로 옛것을 고증하면서 그 해결책을 찾았다. 특히 예禮가 아니면 보지 말고, 예가 아니면 듣지 말고, 예가 아니면 말하지 말고, 예가 아니면 행하지 말라고 했던 조선 사람들에게 시속은 참으로 따를 수도 따르지 않을 수도 없는 딜레마였다. 그럼에도 불구하고 예를 실천하고자 하는 사람들은 늘 존재했고, 그 예를 시대에 맞게 고치고자 하는 사람 역시 존재했다. 그러나 무엇보다 하나로 합해져 가는 대동大同의 풍속을 따르는 것이 늘 우선했으며, 그 중심에 복식 예절이 존재했다.

스승과의 문답, 소통을 통해 복식을 정하다

조선의 유학자 박만선朴萬善은 혼인할 때와 상喪을 당했을 때 어떤 옷을 입어야 할지 좀처럼 기준이 서지 않았다. 요즘 여인들은 혼인을 할 때나 죽어 무덤에 들어갈 때 모두 원삼圓衫을 입는데 이것이 과연 예에 합당한지, 또 허리띠는 어떻게 생긴 것을 매어야 하는지 답을 구하고자 곧바로 그의 스승이자 당대 최고의 예학자인 송시열(1607-1689)에게 글을 보냈다. 이에 송시열은 "명백하게 혼사와 상사에는 옷을 구분하여 혼사에는 염의袡衣를 입고, 상사에는 심의深衣를 입는 것이 마땅하다"라고 했다. 또 "허리띠도 각각의 옷에 맞는 것을 해야 한다"고 했다. 예학자로서 당연한 답변일 것이다.

그렇다면 송시열이 말한 혼사에 입는 염의와 상사에 입는 심의는 어떻게 생긴 옷일까? 놀랍게도 이 두 옷의 기원은 모두 심의에서 출발하였다. 심의는 유학자들의 최고의 예복禮服으로 저고리와 치마를 따로 마름질하여 허리 부근에서 연결한 포袍이다. 특히 심의의 특징은 깃·소매 끝·옷자락의 가장자리에 검정색의 선을 둘러 꾸민 것이다.

한편 염의는 심의의 가장자리에 두른 선에 검정색이 아니라 붉은색을 둘러 혼례복으로서의 의미를 더했다. 반면에 예복에서의 허리띠는 단순히 옷이 흘러내리거나 벌어지는 것을 막기위한 실용적인 목적만 있는 것은 아니다. 띠를 묶지 않게 되면 옷이 풀어지고 가슴이 드러나게 된다. 이것이 우리가 알고 있는 창피猖披하다는 의미이다. 그러니 당시 예학자들에게 있어 띠를 두를지 말지의 여부와 어떤 모양의 띠를 두를 것인가 하는 것은 예를 드러내는 수단이 되었다. 심의에 두르는 허리띠는 검정색과 흰색으로 구분할 수 있다. 특히 흰색의 허리띠에는 심의에서와 같이 가장자리에 검정색의 선을 두른다. 허리띠 전체에 검정색의 선을 두르기도 하지만 어떤 것은 허리 부분은 빼고 허리띠를 묶는 부분과 묶고 난 후 아래로 늘어뜨려진 부분에만 선을 두른다. 옷을 꾸몄을 뿐 아니라 입었을 때 흑백의 조화가 유학자의 모습을 보다 경건하고 기품 있게 만들어 준다.

염의, 혼례복과 수의로 입다.

염의는 어떨까? 염의는 혼례복이다. 경건함보다는 밝고 화려한 분위기를 드러내는 것이 더 중요하다. 그러니 심의에 두른 검정색 대신 붉은색 선을 두르는 것이 당연하다. 비록 같은 옷에서 출발했지만 의미에 따라 장식을 달리하는 것만으로도 예복으로서의 가치를 부각시킬 수 있기 때문이다.

그런데 문제는 원삼이다. 김장생(1548-1631)의 『사계전서』에는 '부인의 상喪에 대수大袖를 입는다'고 하면서 대수는 원삼이라고 했다. 또 그의 아들 김집(1574-1656)도 『신독재유고』에서 '수

의로 원삼에 대대大帶를 사용하는 것이 무방하다'고 했다. 그러니 송시열 이전부터도 이미 혼례복인 원삼을 상사에 입었음을 알 수 있다.

그러나 심의가 상의하상과 같이 위의 옷과 아래의 옷이 분리된 형태라면 원삼은 포의 형태이다. 물론 여성의 상복에서는 대수와 장군으로 구분되고 있지만 혼례복으로 입을 때에는 위의 옷보다는 겉옷에 가깝다.

그림 35 이단하 부인 원삼, 문화재청 국가문화유산포털

그렇다면 원삼은 어떤 옷이기에 일생에서 가장 기쁜 날에도, 가장 슬픈 날에도 입었던 것일까?

현전하는 것 중 가장 오래된 원삼【그림 35】은 외재 이단하 (1625-1689) 부인이 입었던 옷이다.[25] '원삼'이라는 명칭에서 알 수 있듯이 옷깃을 맞대어 둥글게 만들었으며, 좌우 깃이 포개지지 않고 앞 중심에서 서로 마주 보는 대금對襟의 형태이다. 또 앞 길이가 뒤 길이보다 짧으며, 앞길과 뒷길이 연결되어 있지 않아 옆선이 터져 있다. 소매 끝에는 두 가지 서로 다른 색의 색동을 달고 마지막에 흰색의 한삼을 단다. 특히 어깨와 소매, 앞·뒷길의 끝부분에 금박을 하고, 가슴과 등에 흉배를 붙여 화려하게 꾸민다. 긴 허리띠는 뒷자락과 함께 늘어뜨려 마치 트레인을 연상시킨다. 크고 긴 소매와 길게 늘어진 옷자락, 허리띠, 화려한 금박 등의 장식이 조화를 이루며 의식을 보다 성대하고 화려하게 만든다.

원삼, 예복으로 재탄생하다

조선 후기 이재(1680-1746)가 쓴 『사례편람』에서 '원삼은 큰옷으로 색깔 있는 견絹이나 명주로 만들며, 이른바 가례嘉禮의 대수大袖이다'라고 했던 것처럼 화려한 원삼은 혼례복으로 입었음을 알 수 있다.

그런데 왜 혼례복인 원삼이 상례복이 되었을까? 이는 죽음을 '땅으로 시집가는 것'이라고 생각한 당시 사람들의 사고에 기반한 것이 아닐까 한다. 결국 사람에게 시집을 가든, 땅으로 시집을 가든 혼사와 관계된 일이니, 혼례 때 입었던 원삼을 수의로 입지 못할 이유가 무엇이었겠는가? 수의로 입는 것이 당연한 일일 것이다. 옷의 형태가 바뀌고 명칭이 달라졌을 뿐이다. 그 옷이 갖고 있는 의미, 즉 시집갈 때 입는 옷이라는 염의와 원삼은 시대가 바뀌면서 이러한 인식을 뒷받침하여 재탄생한 복식이다.

철릭, 사라질 위기에서 살아남다

철릭은 문무관의 받침옷인 동시에 평상복, 융복으로 착용되었다. 철릭은 고려 중기 이후 원나라에서 들여온 포의 일종이지만, 그 형태에 있어서는 기존의 포와는 다른 모습이다. 철릭은 상의上衣와 하상下裳이 연결된 형태로 허리에서 주름을 잡아 활동성을 높였다. 기존의 포와는 다른 새로운 형태의 철릭은 현대인들에게도 가장 많은 사랑을 받고 있는 현재진행형의 포이다.

철릭, 고려를 거쳐 조선으로 이어지다

철릭은 왕에서부터 문무백관은 물론 무당에 이르기까지 다양한 신분의 사람들이 입었다. 【그림 36】은 1326년 고려 말 철릭이다. 1992년 불상에 금칠을 할 때 나온 복장 유물로 해인사에 소장되어 있다. 이 옷의 안자락에는 【그림 36-1】에서처럼 '年十五宋夫介長命之願(년십오송부개장명지원)'이라는 묵서가 남아 있다. 옷의 주인은 15세의 송부개이며, 그의 장수를 기원하기 위해 목조 비로자나불좌상의 배 속에 넣어 두었던 것이다. 모시로 만들어진 이 철릭은 이중 깃이다. 허리의 앞에는 9줄, 뒤에는 10줄의 요선이 0.5cm 너비로 접어 덧대어져 있다. 아래 치마는 8폭으로 2.5cm 너비로 맞주름을 잡았다.

【그림 37】은 변수(1447-1524)묘에서 출토된 철릭으로 16세기 중반의 요선 철릭이다. 형태는 고려 말의 것과 유사하지만 연화만초문단에 동정이 달린 이중 깃으로 소매가 붙어 있다. 이 외에 변수묘에서 나온 또 다른 철릭에서는 양쪽 소매가 반수인 것과 한쪽 소매만 반수인 것이 공존한다. 치마는 14폭으로 해인사의 요선 철릭보다 훨씬 넓다. 요선 아래에는 가는 주름을 0.2-0.3cm 간격으로 촘촘하게 잡고 있다.

이후 출토되는 복식에서도 가장 많이 볼 수 있는 것이 철릭

그림 36 **모시 요선 철릭,** 해인사성보박물관

그림 36-1 **모시 요선 철릭의 부분, '年十五宋夫介長命之 願' 묵서**

그림 37 **변수묘 출토 요선 철릭**, 국립민속박물관

그림 38 **흥완군 철릭**, 숙명여자대학교박물관

이며, 그 형태는 시대에 따라 소매의 통이 좁은 착수에서부터 소매의 통이 넓직한 두리 소매에 이르기까지 다양하다. 후기에 이를수록 의에 비하여 상의 실이가 실어지시만 허리에 구금을 잡는 포라는 점에서 기본 형태는 비슷하다. 【그림 38】은 흥완군(1815-1849)의 철릭이다. 상의 길이가 의의 길이의 2배 정도이며, 소매는 두리 소매로 오른쪽 소매에는 매듭단추가 달려 있어 떼었다 붙였다 할 수 있다.

철릭은 왕 이하 문무 관리들의 단령 안에 받쳐 입던 포로 답호와 함께 짝을 이룬다. 철릭을 단령의 받침옷으로 입힌 데에는 활동상 이점이 있었기 때문이다. 특히 철릭은 능행을 가거나 유사시 몸을 경첩하게 움직일 필요가 있을 때 착용하기 편한 옷이었기 때문에 군복과 함께 융복으로 착용되었다.

융복, 사라질 위기에 처하다

융복은 철릭을 말한다. 이 철릭을 단령 속에 입었기 때문에 첩리帖裏라고 했으며, 철릭을 입고 그 위에 포를 입으면 조회에 나갈 수 있고, 포를 벗으면 군대에 나갈 수 있다고 했다. 편안할 때 위태로움을 잊지 않을뿐더러 간소하고도 편리하다고 하여 철릭을 간편한 복장으로 여겼던 것이다.

그러나 철릭이 반드시 간편한 옷은 아니다. 이는 융복 제도를 개혁하자던 끊임없는 상소를 통해서도 확인된다. 1793년(정조 17) 병조판서 임제원은 융과 군은 그 의미가 같은데도 군이 구별을 두어 제도를 다르게 하고, 이름을 융복이라고 하는 것은 전혀 의의가 없을 뿐 아니라 철릭은 말을 타고 달리기에 편리하지 못해 실제 사용하는 데 온갖 방해만 있고 조금도 이점이 없음을 강조했다. 그러면서 『임진기문』 가운데에서 고故 장신將臣 이일李鎰(1538-1601)이 의주 파천 당시 철릭과 종립을 빌려 착용하고 호위했는데, 그때를 상상해 보면 진흙 길에 엎어지고 넘어지면서 갈 때에도 오히려 남색의 철릭을 입고 붉은 전립을 쓴 채 바람에 쭈그러지고 비에 젖어 늘어졌을 것이니 만일 불행히도 적과 만났더라면 그 복장으로 어떻게 이리 뛰고 저리 뛰고 할 수 있었겠냐 하는 것이었다.[26]

비변사의 의견도 크게 다르지 않았다. 군복과 융복이 모두 시위에 쓰는 복장인데 한 반열 안에서 누구는 군복을 입고 누구는 융복을 입는다는 것은 구별하는 데에도 전혀 의의가 없고 의장만 번잡하다고 했다. 그러나 융복을 없애는 것이 여의치 않다면, 차제에 조례皁隸들조차 소매 폭으로 거의 온폭의 비단을 쓰고 있으니 그 낭비가 민망할 정도이므로, 옛 제도를 다시 찾아 철릭의 소매를 짧고 좁게 하여 비용을 줄이자고 했다.[27]

이에 정조는 융복을 없애고 군복을 착용하는 것이 옳다고
여기지만 전립과 철릭은 이미 옛 제도에 속하는 것이며 함흥 본
궁에도 있는 것이니 융복을 없앨 수는 없다고 했다. 이러한 정
조의 마음은 화성으로 능행을 갈 때 그대로 드러났다. 동서반
즉 문무 관리들은 시위하는 사람들과는 다르므로 지금까지 해
오던 대로 융복을 착용하게 하여 융복과 군복을 통용하는 것으
로 결정했다. 【그림 39】와 【그림 40】은 1795년(정조 19) 윤2월에
정조가 혜경궁과 함께 현륭원으로 행행할 때의 기록이다.[28] 그

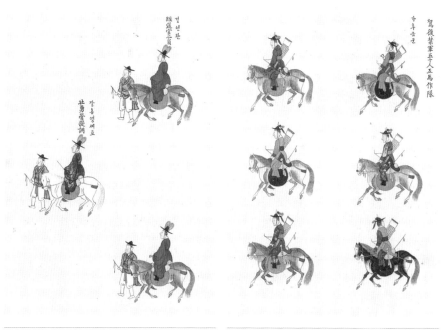

중【그림 39】는 경연관과 장용영 제조가 각각 홍색과 남색의 철릭인 융복을 입고 말을 타고 가는 모습이며, 【그림 40】은 군복을 입은 금군禁軍들의 모습이다. 융복도 군복도 각각의 용도가 있고, 착용자가 다르므로 함부로 버릴 수 있는 옷이 아니었다.

철릭, K-패션으로 재탄생하다

철릭에는 어떤 매력이 있을까? 철릭은 다른 포와 달리 의와 상을 연결하는 허리 부위에 주름을 잡아 장식한다는 특징이 있다. 거기에 소매를 떼었다 붙였다 하면서 다양한 디자인이 가능하다. 디자인에 활용할 수 있는 부분은 크게 깃, 소매, 고름, 주름, 철릭의 길이 등이다. 철릭은 더 이상 조선시대의 융복만이 아니라 시대와 공간을 초월한 패션으로 자리매김하게 되었다. 세계적인 인기 그룹 BTS도 철릭의 매력에 빠졌다. 갓이며 바지, 신발까지도 전통의 멋을 살려 착용한 모습이 매스컴에 자주 보인다. 반면에 철릭을 응용한 디자인은 남자에게만 국한된 것도 아니다. 최근에는 남자의 전용 철릭을 여자가 착용한 모습도 자주 눈에 띈다. 더욱이 옷감의 재질을 두 가지로 사용하여 변화를 주기도 하고 허리에 붉은색의 세조대와 허리끈에 놓은 금박 등을 이용하면서 전통과 현대가 어우러지는 다양성을 표현하기도 한다. 이 시대에 어울리는 디자인으로 새롭게 재탄생되고 있는 철릭은 젊은 사람들에게 큰 인기를 끌며 더욱더 확산되고 있다.

관복, 조선의 리스 문화

예나 지금이나 필요한 복식을 장만하기 위해서는 남의 힘을 빌려야 할 때가 있다. 단순히 돈으로 구입할 수 있다거나 노동력만으로는 해결되지 않는 부분이다. 특히 관복에는 다양한 부속물을 갖추어야 한다. 조복과 제복에는 후수, 패옥, 각대 등이 들어가야 하는데 이 중에는 조선에서 구할 수 없는 것들도 있었다. 임진왜란을 겪은 1609년(광해군 1)에는 물자가 부족했다. 심지어 사섬시에는 포목이 10동도 채 안 남았다고 했으니 정상적인 무역이나 사행의 경비도 감당할 수 없을 정도로 국고가 텅 비었다고 한다. 이러한 사정은 임진왜란 이전에도 보이기 시작했다.

조복, 사가에서 갈무리하다

조복은 중국에서 조칙을 맞이하거나 정조正朝·탄일誕日 등의 하례를 드릴 때 착용하는 관복이다. 세종조에는 조복을 제용감濟用監에서 장만하여 관원에게 지급하였다. 이후 1471년(성종 2)에는 조복을 관사에서 갈무리하여 착용했는데 세월이 오래되어 해지고 더러워지고 특히 조채朝綵가 없어진 것을 관원들은 안타까워했다. 그리하여 중국에서 비단을 사다가 개조하기로 논의했으나 어떻게 개조했는지는 알 수 없다. 다만 유희춘(1513-1577)의 『미암일기』에서는 조복을 빌려 입기도 하고, 구입하고자 비용을 마련하는 과정을 기록해 놓고 있다.

현전하는 조복의 구성을 보면 『경국대전』 규정과 같이 양관·의·상·폐슬·수·중단·대·대대·홀·패옥·말·리로 구성되어 있다. 이는 『국조오례서례』 문무관 「관복도설」의 제복과 형태상의 차이가 없다. 다만 제복과 조복의 차이는 상의의 색이 제복은 청색, 조복은 적색이며, 제복에는 방심곡령이 더해지는 차이가 있을 뿐이다【그림 41, 42】. 그렇다면 과연 문무 관리들은 조복을 어떻게 장만했을까? 유희춘은 1567년부터 1577년까지 10년 동안 일기를 썼다. 그는 선조가 즉위하자 유배에서 풀려나 1567년 10월 12일 성균관 직강直講 겸 지제교知製敎에 제수되었다.

유희춘은 1568년 1월 24일 학관 심연에게 조복을 빌리고자 했다. 이에 2월 2일 심연으로부터 조복 상자가 왔으며, 1570년

그림 41 흥완군 제복, 숙명여자대학교박물관

그림 42 흥완군 조복, 숙명여자대학교박물관

7월 11일에는 구사맹에게 조복을 빌렸다. 이때까지도 유희춘은 자신의 조복을 갖추지 못해 필요할 때마다 빌려 입었다. 그로부터 4년이 지난 1574년이 되어서야 비로소 조복을 직접 구입하고자 중국으로 가는 통사 백원개에게 인삼 2냥, 녹포 3필, 가는 모시베 1필을 주었다. 또 모자라는 은 2냥의 값은 곽산의 수령 이봉과 서장관 허봉이 각기 한 부분의 값을 보태 주기로 약속했다. 그러나 허봉에게는 도움을 사양하고, 직접 베 2필을 더 보냈다. 최대한 남의 도움 없이 조복을 마련하고자 했음을 알 수 있다.[29]

물론 조선 초부터 관복을 개인이 장만한 것은 아니다. 1508년 (중종 3) 기사를 보면, 내년까지 조복은 사비私備하고 제복은 공비公備하게 하자는 상소가 올라왔고, '그리하라'는 하교가 있었던 것으로 보아[30] 나라의 형편에 맞게 제도가 바뀌었음을 알 수 있다.

이러한 조치는 관직에서 물러난 사람이 조복을 파는 계기를 마련하였다. 1576년 7월 초8일에 하위지는 계유년에 조복을 모두 팔아 버리고 선산으로 물러가 살았다고 한다.[31] 더 이상 관직에 뜻이 없다면 조복을 갖고 있을 이유도 없다. 그러니 필요한 사람이 사서 쓸 수 있도록 하는 것이 지금 의미로 보자면 리사이클링recycling에 해당한다.

관복, 지인에게 빌리다

조선 중기 사모와 각대는 관복을 입을 때 필요한 물품이다. 사모를 쓰기 위해서는 머리를 정리할 망건도 있어야 한다. 또 관복을 입은 후에는 각대를 하여 옷을 정리하기도 하지만 각대의 소재에 따라 신분을 표시했다. 그러니 입궐할 때에는 자신의 신분에 맞는 의관을 정제해야 한다. 흑단령 일습을 어떻게 장만하는지 유희춘의 『미암일기』와 조극선의 『인재·야곡일록』을 통해 확인해 보자.

때는 음력으로 10월 말이니 지금의 12월 말에 해당한다. 가장 추울 때이니만큼 사모만 빌린 것이 아니라 귀덮개인 이엄도 같이 빌렸다. 흥미로운 것은 관리로서 늘 입어야 하는 집무복을 스스로 장만하지 않고 빌려 입었다는 점이다. 이미 조선 중기에 대여를 통해 복식을 장만하는 모습은 여러 일기 자료를 통해 확인되었다.

유희춘도 예외는 아니어서 스스로 사모와 각대를 빌려야 했다. 여기서 특이한 점이 있다면 복식을 장만하는 것이 부인의 몫이 아니라 유희춘 자신의 역할이었다는 것이다. 유희춘은 유배 중에 성균관 직강으로 제수를 받았다. 입궐을 하기 위해서는 관복을 입어야 하지만 유배 생활을 하느라 미처 관복을 갖추지 못했다. 그러자 학관 심연이 흑단령을 가지고 왔는데, 그 옷의 진짜 주인은 가부장假部將이었다. 일기의 내용을 좀 더 자세히 살펴보면 송군직이 가부장으로 임명되도록 해 달라는 부탁이 사전에 있었던 것으로 확인된다. 이에 유희춘은 바로 흑단령을 돌려보냈다.[32] 그 이유인즉 법관의 신분으로서 그런 부탁을 하는 사람의 흑단령을 빌려 입는 것이 부담스러웠기 때문이다.

이처럼 당시 관복을 장만하는 것은 상당한 비용이 들기 때문에 주위에서 빌려 입을 수도 있었으나 실질적으로는 대여에 상응하는 대가가 뒤따랐던 것으로 보인다. 따라서 관직에 올라 형편이 나아지면 직접 관복을 장만하였는데 이때에도 유희춘이 직접 나서야 했다.

관복을 빌려 입는 문화는 조극선(1595-1658)의 시대에서도 크게 달라지지 않았다. 조극선은 1623년 동몽교관으로 천거되어 사환 생활을 시작했다. 그의 일기인 『인재·야곡일록』에도 대여와 관련한 기록이 상당히 많다. 다만 조극선은 빌려준 것은 기록하지 않고 빌린 것 위주로 기록해 놓았다. 왜냐하면 빌린 것은 반드시 갚아야 하기 때문에 잊기 않기 위해 기록을 남긴다고 했다. 몇 가지 사례를 들어 보면, 1624년 12월 12일 예조에 나아가 포폄에 응하기 위해 참봉 어른의 이엄을 갖춘 사모와 대를 빌렸다. 이 외에도 남참봉의 단령, 김사과의 하인, 이태이의 말을 빌렸다. 무엇 하나 자신의 것이 없을 정도이다. 또 1626년 8월 17일에도 충의 윤수인을 만나 흑단령을 빌렸으며, 1627년 12월 17일에도 아들 위선의 혼례복으로 사용할 흑단령을 빌려 왔다고 하는 것으로 보아 당시 대여 문화는 일상적이었나 보다.

사모와 이엄, 빌리는 것보다는 하사품이 좋지

사모는 문무백관의 가장 대표적인 관모로 공조 또는 상의원에 속한 사모장이 만든다. 유희춘은 사모를 장만하지 못해 1567년 10월 29일 이종사촌 형인 나사선에게 사모와 이엄을 빌리고, 허엽에게서 각대를 빌렸다.[33] 다음 날 주서 황대수가 각대를 보내왔다.[34] 이때 유희춘이 각대 만들 재료를 권대덕에게 주어 대가를 치르고자 한 것도 확인되었지만[35] 여러 사람의 관계 속에서 대여에는 보이지 않는 응분의 대가가 치러졌음이 감지된다.

한편 1567년 11월 15일에는 서리書吏가 전하께서 하사하신 사모와 이엄을 가지고 와 감격했다는 기록이 있다. 또 1570년에 10월 초6일에는 사모와 담비가죽 이엄 14개를 하사하셨는데 그 안에 자신의 이름이 들어 있었다고 하며 고마움을 감추지 않았다. 그 밖에 1573년 4월 초2일에는 병조참지 홍천민이 하리를 시켜 자신의 사모 치수를 재 보고 갔다고 기록해 놓았다. 맞춤형 사모를 하사한 것이다.

이엄 역시 반사 물목에 해당한다. 이엄은 추위에 대비하여 임금이 신하들에게 하사하는 물품이다. 『상방정례』를 보면, 호조에서 립 아래에 쓰는 초피 이엄과 적호피 이엄, 사모 안에 쓰는 서피 이엄 등을 만들 수 있도록 재료를 진상하면 이엄을 만들어 신하들에게 하사한 것으로 보인다. 유희춘은 1567년 11월 12일 서피 10벌을 승지에게 주었다. 직접 이엄을 만드는 장인에게 준 것이 아니라 승지 허엽이 장인에게 명을 내릴 수 있도록 부탁한 것이다. 사모나 이엄은 함부로 만들 수 있는 물건이 아니라 관에서 특별히 관리하는 물건이기 때문일 것이다.

결국 유희춘은 해배 후 처음에는 상복에 필요한 사모·이엄·각대 등을 지인들로부터 빌렸으며, 시간이 지나면서 승지를 통해 장인에게 부탁하여 장만하기도 했다. 그러나 고위관리들에게는 임금이 직접 사모나 이엄을 내려 주었으므로 하사품으로 받는 이엄은 임금의 사랑과 유희춘의 높아진 위상을 드러낼 수 있는 물건이 되었다.

곤룡포, 조선식으로 바뀐 임금의 상복常服

문재인 대통령이 취임한 후 재킷을 벗은 채 커피를 들고 잠모진과 함께 산책을 하는 모습이 화제가 되었다. 지금까지 우리가 보아 왔던 대통령들의 모습과는 달랐기에 신선한 충격이었다. 격의 없이 편안한 모습에는 그가 국민들과 소통하고자 한다는 의지가 자연스럽게 투영되어 있었다. 그러나 단지 편안함만을 드러내지는 않았다. 와이셔츠의 소매를 걷어붙여 의욕적으로 일하는 모습을 보여 주었고, 사선 무늬 넥타이를 통해 강인함은 물론 젊음과 역동성을 보여 주었다. 복식을 통해 이미지메이킹에 성공한 사례다.

곤룡포, 조선시대 임금의 시사복視事服

곤룡포는 왕의 평상시 집무복이다. 현재 곤룡포를 입은 어진 3점이 남아 있다. 태조, 영조, 고종의 어진이다. 똑같은 곤룡포를 입고 있지만 자세히 들여다보면 결코 같은 옷이 아니다. 그것은 각 시대가 요구하는 국왕의 모습이 다르고 그것을 실천하고자 하는 국왕의 의지가 다르기 때문이다. 곤룡포에서 가장 중요한 것은 왕을 상징하는 용의 모습이다. 발톱이 5개인 용을 둥근 원 안에 담아 일명 '오조원룡보五爪圓龍補'라고 한다. 이것을 앞가슴, 등 뒤, 양어깨에 부착한다. 시대에 따라 직조를 하거나 이금泥金으로 그리기도 하며, 별도의 직물에 수를 놓아 붙이기도 한다. 이는 시대에 따라 변화된 양식의 차이일 뿐 더욱 중요한 것은 용의 모습이 어떻게 표현되고 있는가 하는 문제이다.

비룡, 정룡, 임금의 역할을 대변하다

조선을 건국한 태조의 어진은 청색의 곤룡포이다. 그러나 임금의 복색은 홍색, 그중에서도 가장 밝다는 대홍색이다. 그럼에도 불구하고 태조는 왜 청색을 입었을까. 여러 가지 설이 있다. 그중에서도 청색이 길색吉色이기 때문이라는 설과 아직 중국으로부터 홍색의 곤룡포와 함께 고명을 받지 않았기 때문이라는 설이 가장 유력하다. 둘 다 타당성이 있는 이야기이다. 그러나 단순히 길색이기 때문에 입었다고 하기보다는 태조가 스스로 길색吉色인 청색의 곤룡포를 만들어 입었다는 것에 더 비중을 두고 싶다【그림 43】. 누가 준 것을 받은 것도 아니고 정해진 색을 입은 것도 아니다. 그의 자주성과 독립성이 복식을 통해 완성되는 순간이다.

【그림 44】는 태조가 입은 청곤룡포에서 중요한 의미를 담고

그림 43 〈태조어진〉, 어진박물관

있는 용의 모습이다. 오조원룡보는 앞가슴과 양어깨에 붙은 보
補가 서로 맞닿을 정도로 크다. 그리고 정가운데에 있는 용은 'S'
자로 휘어져 있으며, 입에서는 상서로운 기운이 뿜어져 나오고
있다. 용의 얼굴은 오른쪽을 향하고 있으며, 발톱에는 힘이 잔
뜩 들어가 있다. 온몸에 서려 있는 기운으로 보아 하늘로 올라
가기 위해 힘차게 밀어붙이는 힘찬 비룡飛龍의 모습이다. 태조
는 나라를 힘겹게 건국하고 나서 무슨 일을 어떻게 할 것인지
고민도 많았을 것이다. 그러나 한편으로는 하고 싶은 일도, 할
수 있는 일도 많았을 테니 새로운 나라를 만들기 위한 그의 의
지를 용에 담고 싶었으리라. 힘차게 날아오르려는 용. 그것이
바로 태조의 마음이 아니었을까.

영조의 홍곤룡포는 어땠을까【그림 45】. 오조원룡보의 크기에

그림 44 오조원룡보, 〈태조어진〉
의 부분, 어진박물관

그림 45 오조원룡보, 〈영조어진〉
의 부분, 국립고궁박물관

그림 46 오조원룡보, 황곤룡포의
부분, 문화재청 국가문화유산포털

서는 약간 작아진 듯하다. 큰 차이는 보이지 않는다. 그러나 용의 모습은 완전히 다르다. 홍곤룡포에 담긴 용은 양팔과 양다리를 좌우로 벌리고 정면을 응시하고 있다. 어디에도 흔들리지 않는 균형 잡힌 용이다. 그 용을 뻥 돌아가며 감싸고 있는 것은 구름이다. 마치 하늘로 올라간 용이 구름을 관장하고 있는 모습이다. 농경사회에서 비는 백성들의 편안함을 보장해 주는 가장 중요한 자연현상이다. 적절한 때 흡족한 비를 내릴 수 있는 능력으로 백성들의 삶을 편안하게 해 주고 싶었던 영조의 마음이 아니었을까.

황룡포, 대한제국의 꿈을 실현하다

그렇다면 조선의 마지막 왕이면서 최초의 황제였던 고종은 곤룡포에 어떤 용을 담고자 했을까? 우선 복색은 중앙을 의미하는 황색으로 바뀌었다【그림 46】. 크기는 전대前代의 왕들에 비해 현저히 작아졌다. 그리고 몸판 자체에 용의 모습을 그리거나 직조하는 것이 아니라 별도의 천에 수를 놓는 형태로 바뀌었다. 이러한 표현 방식은 시대에 따라 변화하는 미의식의 반영에 불과할 것이다. 오히려 황제위에 올랐음을 만천하에 알리는 것이 중요했고, 자신이 하고자 하는 것이 무엇인지 드러내는 것이 더 필요했다. 우선 복색을 황색으로 바꾸고, 황제를 상징하는 색다른 모습의 용으로 바꾸어야 했다. 보의 중심에서 조금 내려온 배꼽 위치에 해와 달을 상징하는 붉은색과 흰색의 여의주를 넣어 신령한 하늘의 섭리를 얻었음을 드러내고자 했다. 여기에 용의 얼굴은 정면을 응시하고 좌우의 손발은 대칭을 이루며 안정된 모습이지만 용의 몸통은 아래로 곡선을 이루면서 꼬리가 활기차게 따라 올라가는 모습이다. 새로운 시대를 기약하며 도약을 꿈꾸는 고종의 마음이 아니었을까?

새로운 시대를 열었던 태조와 고종은 힘찬 용을 통해 역동성과 강인함을 보여 주고 싶었을 것이고, 영조는 번영기에 들어섰으므로 '조선의 르네상스'를 만들고 싶었을 것이다. 용의 모습에서 국왕의 고뇌와 함께 꿈이 읽힌다.

천청색 적의, 내 마음의 대비는 혜경궁이라오

적의翟衣는 왕비나 왕세자빈의 법복으로 대례를 치를 때 착용하는 복식이다. 그러나 책비의冊妃儀나 책빈의冊嬪儀를 거행할 때 왕비나 왕세자빈에게 전달되는 적의는 단순한 의복이 아니라 임금이 교명, 책보와 함께 내린 명복命服이다.

적의, 의궤에 형태를 담다

　적의의 형태를 확인할 수 있는 최초의 기록은 『(인조장렬후)가
례도감의궤』이다. 적의 1건을 제조하는 데 들어가는 물목을 보
니, 대홍필단대삼 일건一件에 이금 3전 3분과 오채로 그린 운봉
흉배와 함께 대홍광적 1필과 안감(내공內拱)으로 대홍필단 5척
5촌이다. 이 외에도 배자背子·단삼單衫·오襖·군裙 등을 비롯해
하피霞帔·말·석 등을 만들어야 한다. 또 적의에 붙일 수원적이
나 하피에는 이금泥金을 이용해 적계문翟鷄紋을 그린다.[36]
　【그림 47】에서와 같이 적의 일습은 아니지만 적의의 모양과
수원적, 적계문, 하피, 적석, 적말 등 도설圖說이 있어 적의의 형

그림 47　왼쪽부터 시계 방향으로 적의양, 수원적, 적계문, 하피, 적석, 적말, 『인조장렬후가례도감의궤』, 규장각
한국학연구원

태를 확인할 수 있다. 뒷모습의 적의양을 보면, 양쪽 어깨에 수원적이 각각 5개씩 붙어 있으며, 뒷길의 좌우에도 각각 5개씩 붙어 있다. 모두 20개의 수원적이 확인된다. 당시 적의에는 수원적이 모두 36개가 들어간다고 하였으므로 16개의 수원적은 앞길에 있다.

이후 『국조속오례의보서례』에서도 적의의 형태를 확인할 수 있다. '의는 대홍단으로 하고 전면좌우가 서로 마주하여 곧바로 내려와 서로 덮이지 않는 것이 배자와 같다. 앞 길이는 상裳의 단과 가지런하고, 뒤 길이는 치맛단을 지나 1척尺 남짓 된다. 의衣 앞뒤에는 금수로 된 오조원룡보를 붙이고 앞의 보 아래에 수원적을 좌우에 각각 7개씩 붙이는데 의단衣端에 이르러서는 좌우 각 하나를 돌려 붙여서 서로 연결된 것처럼 보이게 한다. 뒤의 보 아래에는 수원적을 좌우 9개씩을 붙이고 의단에 이르러서는 수원적 하나를 밑단의 중간에 붙여 서로 연결된 것처럼 보이게 한다. 좌우 소매의 넓이는 의의 앞 길이와 가지런하게 하고 소매의 바깥 면에도 역시 수원적을 붙이는데 좌우 각 9개씩을 붙인다. 수원적은 모두 51개이다.'[37] 이를 토대로 적의의 형태를 그려 보면【그림 48】과 같다.

이처럼 이 두 자료를 통해 적의의 형태를 비교해 보면 기본적으로 복색은 대홍색이며, 형태는 앞 길이가 짧고 뒤 길이가

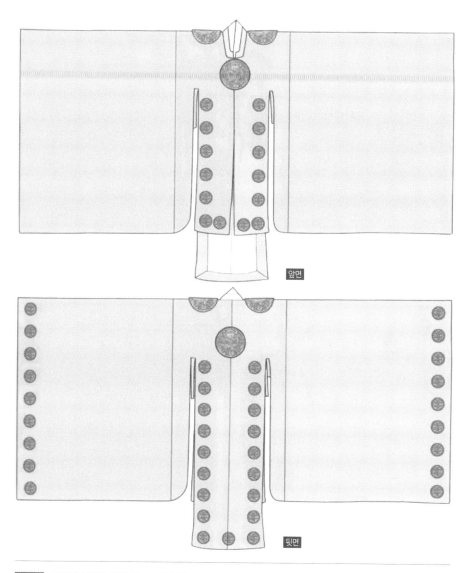

앞면

뒷면

그림 48 수원적의 위치, 적의 앞(위), 적의 뒤(아래)

긴 전단후장형으로 크게 다르지 않다. 다만 수원적의 수가 36개에서 51개로 늘어났다. 소매가 상당히 크고 길다.

적의색, 신분을 구분 짓다

조선왕실에서 신분을 결정짓는 단서 중 가장 직접적이며 시각적인 것으로 색을 빼놓을 수 없다. 복식명을 적을 때에도 색이 제일 먼저 나온다는 사실은 이를 방증한다. 『상방정례』에 수록된 대왕대비전, 중궁전, 빈궁의 진연시進宴時 복식을 보면 모두 적의를 입는다. 적의의 구성 또한 적의, 별의, 내의, 수, 폐슬, 대대, 하피, 상, 면사, 흉배, 말, 석으로 모두 같다. 다만 복색으로 신분을 구분한다. 먼저 대왕대비의 적의는 자적색이다. 선단도 자적색이며, 직물은 향직을 사용한다. 별의別衣 또한 자적향직을 쓰고, 내의內衣, 폐슬, 면사가 모두 자적색이다. 중궁전의 색은 대홍색이다. 적의를 비롯해 별의, 내의, 폐슬까지 모두 대홍색이며, 면사만 자적색이다. 빈궁의 색은 아청색이다. 적의의 색도 아청색이다. 다만 별의와 내의, 폐슬은 대홍색을 쓰며, 면사는 대왕대비를 비롯해 중궁전과 함께 모두 자적색을 사용한다. 이 외에 들어가는 대대는 모두 초록색으로 겉을 하고 홍색으로 연을 대며, 안감은 모두 흰색을 쓴다. 빈궁의 적의 안에 입는 별의나 내의 등이 중궁전과 같은 대홍색을 썼다 할지라도 겉으로 보이는 색은 확연히 다르다. 신분을 상징하는 가장 직접적이면서 시각적인 것이 색깔이기 때문이나.

혜경궁 홍씨, 천청색의 또 다른 의미

혜경궁 홍씨는 정조의 생모이다. 아들이 임금이 되었으니 어머니는 대비가 되어야 한다. 그러나 혜경궁은, 정조가 효장세자의 양자로 입적하는 바람에 생모임에도 대비가 되지 못하고 자궁慈宮으로 불리게 되었다. 그러니 자궁으로서의 지위를 드러내는 적의가 필요했을 것이다. 왕실에서의 위엄을 드러내는 것이 복색이었음을 누구보다 잘 알고 있는 정조가 가장 먼저 생각한 것도 혜경궁을 상징할 수 있는 복색이었다. 이에 정조는 유신들에게 혜경궁의 복색으로 알맞은 것을 논의하도록 했다. 그러나 혜경궁의 복색을 정하기 위해 필요한 전례前例가 없었기에 복색을 정하는 것이 녹록지 않았다. 복색을 정하는 과정을 들여다보자.

먼저 상의원에서 혜경궁의 복색을 정조에게 여쭈었다. 그러자 정조는 홍문관에 명하여 널리 고찰하도록 했다. 그러나 『역대여복지』 및 『두씨통전』을 살펴보아도 의거할 만한 내용이 없고 오직『명사여복지』에 황후의 적의는 짙은 청색에 적문을 12등 직조했으며, 비빈은 청색 바탕에 적문을 9등으로 직조한다는 기록이 전부였다. 그리고 우리나라의 예문인『국조속오례의보서례』에는 왕비의 적의는 대홍단으로 하고 빈의 적의는 흑단으로 한다고 되어 있어 정확한 답변을 찾지 못했다. 또다시 여러 대신에게 논의하게 한 결과, 영의정 김상철·좌의정 정존겸·우의정 서명선 등이『오례의보』와『명사여복지』를 살펴본 결과 '혜경궁은 의장의 모든 절차를 흑색으로 사용했으니, 예복에서도 다르게 할 것이 없다'고 했다. 그러나 이에 대한 정조의 생각은 달랐다. 정조의 말을 들어 보자.

"혜경궁께서 입으실 적의의 복색은 전례가 없는 것이기 때문에 진실로 유신이 의논한 말과 같다. 다만 마땅히 옛것을 인용하고 지금의 것을 참조하여 의의에 맞게 새롭게 정해야 하겠는데 자색은 이존☐☐하는 혐의가 있고 흑색은 법식을 달리하는 뜻이 없으며, 홍색과 남색에서는 각각 쓰고 있는 데가 있어 본시 인용할 만한 사례가 없는 것이다. 내 생각에는 천청색 한 가지가 가장 근사한데 대개 청색은 본시 동조의 복색이었으나 자색으로 제도를 정하게 된 뒤부터는 치워 두고 사용하지 않았다. 지금 천청색으로 정하면 곧 청흑의 의의를 취한 것이 된다. 동조의 적의를 자색으로 하여 홍흑의 의의를 취한 것과 오묘하게 서로 맞게 되고 또한 차등도 있게 된다. 이미 대신들에게 물어보니 대신의 뜻도 또한 그러했으니 혜경궁의 복색을 천청색으로 정하라"[38]고 했다. 정조가 혜경궁의 복색을 성아는 데 있어 이존의 혐의가 없고 명분에도 타당한 색이라는 점을 강조하고 있다. 정조는, 비록 대비는 되지 못했다 할지라도 대비의 색인 청색을 흑색과 함께 사용함으로써 자신의 마음속 대비는 혜경궁 한 분뿐이라는 사실을 만천하에 드러낸 것이다.

간택처자, 명주와 모시를 넘지 말라

조선왕실에서 혼례가 결정되면 가장 먼저 내려지는 것이 전국의 혼령기에 있는 처자들에 대한 결혼 금지령이다. 그리고 3차례에 걸쳐 간택이 이루어진다. 왕세자 가례의 경우 초간택에는 보통 35명 내외의 처자들이 들어오고, 재간택에는 7-8명 전후의 처자들이 들어온다. 그리고 마지막인 삼간택에는 3명의 처자가 들어와 최종적으로 한 명이 세자빈으로 간택된다. 본격적인 간택이 있기 전 임금은 '간택 처자의 복식으로 명주와 모시를 넘지 말라'는 전교를 내린다. 그러나 이 전교는 크게 효과를 보지 못했다.

초간택, 무슨 옷을 입을까

신정왕후 조씨(1808-1890)는 우리에게 조대비로 익숙한 인물이다. 1808년 12월 6일 두포 쌍호정에서 아버지 조만영趙萬永과 어머니 은진 송씨 사이에서 태어났다. 그녀는 1819년(순조 19) 순조와 순원왕후 김씨 사이에서 태어난 효명세자(1809-1830)와 가례를 올렸다. 삼간택의 절차를 거쳐 비로소 세자빈이 되었다. 초간택은 5월 초6일 진시에 거행되었으며, 재간택은 5월 19일 오시에 있었다. 마지막 삼간택은 8월 11일 손시에 치러졌다. 처자들은 '간택처자의 복식은 주저紬紵를 넘지 말라'는 전교에 따라 검소한 옷차림으로 간택에 응했다.

그러나 간택에 들어오는 처자들의 복식은 결코 검소하지 않았다. 처자들의 연령은 불과 10여 세 안팎이다. 왕실의 혼례가 무슨 의미이며 어떤 처지가 되는지 알기에는 너무 어리다. 그저 궁궐에 들어간다는 거 자체가 설레고 어떻게 하면 예쁘게 보일까 하는 생각만 했을지 모른다. 그러니 검소하게 입기는커녕 최대한 예쁘고 화려한 옷을 입고 갔던 것이 어쩌면 당연한 일인지 모르겠다.

그러나 왕실의 입장은 달랐다. 이를 계기로 사치가 만연될 수 있다고 생각했을 것이다. 또 간택처자들의 복식이 다르면 옥

석을 가리는 데에도 지장을 줄 수 있을 것이다. 그러니 최대한 소박한 모습에서 왕세자빈으로서의 위엄과 품위가 있는 처자를 간택하고자 했던 것인지노 노른나. 그림에도 불구하고 간택 처자들의 복식은 소박해지지 않았다. 꾸준히 내려지는 전교가 이를 입증한다.[39]

오히려 검소하게 입고 들어간 조대비의 초간택 복식이 화제가 되었다. 당시 상황은 〈기묘년 조대비 입궐일기〉에 고스란히 남아 있다. 이날 초간택에 들어오는 처자들은 모두 대단치마, 즉 비단치마를 차려입고 가는데 조대비는 '방사주方紗紬 치마 사紗 곁마기'를 입고 들어갔다. 이에 상궁 나인들이 화장을 하면서, "아무리 검박한들 어찌 이렇게 차려입고 오느냐"고 수군대자 같이 따라갔던 종들이 불쌍히 여겼다고 한다. 방사주 치마는 명주로 만든 치마이니 소박하다 할지라도 곁마기는 비단으로 만들었으니 그리 허술한 것은 아니다. 이런 정도의 옷도 검박하다고 흉을 볼 정도였으니 다른 처자들의 복식이 얼마나 화려했는지 알 수 있는 대목이다.

이후 순종 가례 때에는 옷감을 내려 주었음이 【그림 49】의 「임오정월 가례시 간택처자 의차」의 왕실발기에서 확인된다.

똑같은 옷을 지어 입고 간택에 들어오라는 의미였을 것이다. 오히려 왕실의 입장에서 보면 똑같은 옷감으로 지어 입음으

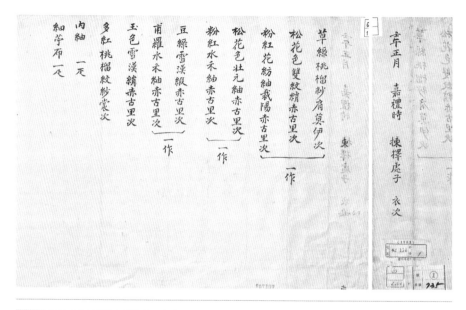

그림 49 「壬午正月 嘉禮時 揀擇處子 衣次」, 한국학중앙연구원 장서각 소장

로써 각기 다른 바느질 솜씨를 볼 수 있었을 것이며, 그에 따라 옷태도 다르게 나타났을 것이다. 옷의 맵시뿐만 아니라 그 집안의 가풍까지도 확인할 수 있는 비법이었다.

재간택, 간택의 윤곽이 드러나다

재간택에서는 세자빈의 윤곽이 어느 정도 드러났다. 「긔묘년 조대비 입궐일기」에서도 초간택을 하고 나오는데, 다음 날

재간택의 망단자가 내려와 수망으로 낙점되었다고 하였으며, 재간택이 끝난 다음 날 의복 척수를 재기 위해 으뜸 무수리가 나왔다고 하였으니, 이미 삼간택을 하기 선에 민으로 확정되어 있음을 알 수 있다. 그러나 이 기록만으로는 신정왕후 조대비만 치수를 잰 것인지 아니면 삼간택에 들어오는 처자의 치수를 잰 것인지는 불분명하다. 다만 재간택 후 삼간택에 들어오는 처자의 치수를 쟀던 것은 분명하다.[40]

이러한 사례는 혜경궁 홍씨의 간택 상황에서도 그대로 드러난다. 혜경궁이 간택을 위해 옷감을 어떻게 장만했는지 보자. '치마의 겉감은 선형先兄의 혼수감으로 사용했으며, 안감은 낡은 저고리의 안을 재활용해서 만들었다'고 할 정도였으니 눈물겨운 대목이 아닐 수 없다. 혜경궁도 재간택이 끝나고 경춘전에서 오래 머물렀다. 점심을 보내고 옷의 척수를 재기 위해 나인도 보냈다. 특히 나인이 옷을 벗겨서 치수를 재려고 하자 혜경궁 홍씨가 옷을 벗으려고 하지 않으니까 나인이 달래며 억지로 벗겨서 척수를 쟀다[41]는 것으로 봐서도 이미 재간택을 거치면서 어느 정도의 윤곽이 드러난 것으로 보인다.

이는 순종 가례 시 간택처자들에게 내린 물목을 통해서도 확인된다. 【그림 50】의 「임오천만세 동궁마마 가례 시 재간택 후 보내오실 빈궁마누라 의대발기」의 내역을 보면, 남송별문단

겹당고의·송화색별문즈우사소고의·분홍장원주소고의 1작과
부금한 송화색별문단소고의·분홍장원주소고의 1작, 분홍저포
한삼 2, 다홍오호로단겹치마 1, 다홍백복문단단치마 1, 백숙갑
사핫너른바지·백숙갑사핫바지 1작, 서양목니의 2, 백저포작은
치마 1, 백저포무족치마 3, 자적향직온혜 1부, 다홍백포봉채금
단운혜 1부 등이 재간택 후에 보내온 빈궁마누라 의대발기 속
에 포함되어 있었다. 이 의대발기에서 흥미로운 것은 옷감이 아
닌 완성된 옷을 내려 주었다는 것이다. 이는 재간택 후에 척수
를 재었기 때문에 가능한 일이었다.

삼간택, 세자빈을 결정짓다

옷뿐만 아니다. 왕실의 머리 장식과 봄지상은 사사와 나브다. 더욱이 삼간택에 들어오는 처자는 이제 한 관문만 통과하면 세자빈이 된다. 머리에서 발끝까지 왕실의 위엄 및 아름다움이 드러나야 한다.

꾸민족두리, 자적능금댕기, 진주귀걸이, 진주장원반자, 경면석웅황 등이 머리와 귀고리에 들어간 장식이다.

처녀들의 기본 머리는 양 갈래로 머리를 땋고 끝에 자적능금댕기를 드리운다. 수식을 더하기 위해서는 꾸민족두리를 머

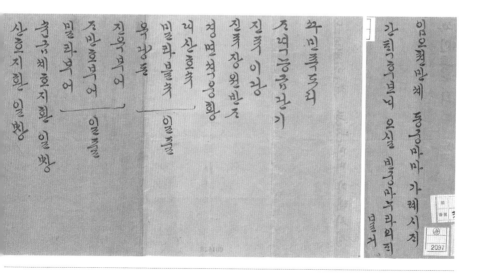

리 위에 얹는다. 이 외에도 진주 장식이 들어간 떨잠인 반자를 꽂기도 하고 석웅황을 넣은 머리 장식도 한다. 다음으로 몸을 꾸미기 위해서는 한 줄에 삼작노리개를 달아 장식한다. 대산호수·밀화불수·옥장돈이 한 줄로 있는 노리개와 진옥부어·자만호부어·밀라부어가 한 줄에 있는 노리개도 한다. 노리개에는 산호, 밀화, 자만호, 옥 등의 보석이 사용되었으며, 순금과 산호로 만든 반지도 한 쌍씩 들어간다. 【그림 51】은 대삼작노리개로 산호가지·밀화불수·쌍나비가 하나로 엮인 노리개이며, 【그림 52】는 영친왕비의 단작 노리개이다. 산호가지·밀화불수·쌍나비 등을 주체로 하여 그 아래에는 여러 가지 매듭을 묶고 맨 아래에는 낙지발술이나 봉술을 매달아 장식한다. 다양한 보석과 크기가 왕실의 위엄을 느끼게 한다.

　삼간택에는 화려한 머리 장식과 보석 장식과 함께 당의를 입고 들어간다. 당의는 저고리보다 길이가 길고 도련이 둥글고 양 옆선이 겨드랑이에서부터 터져 있으며, 수구에는 예복임을 표시하는 흰색의 거들지가 달려 있다. 당의는 대비 등 윗전에 문안을 드리거나 작은 의례를 행할 때 착용하는 옷으로 왕비와 세자빈은 물론 비빈들과 공주, 옹주를 비롯해 궁 안에서 직임을 맡은 상궁 등 내명부들이 격식을 갖출 때 착용한다. 그 외에는 반가의 여인 중 궁궐에 들어가야 하는 여인들이 있다면 미리 왕

그림 51 대삼작노리개, 국립중앙박물관

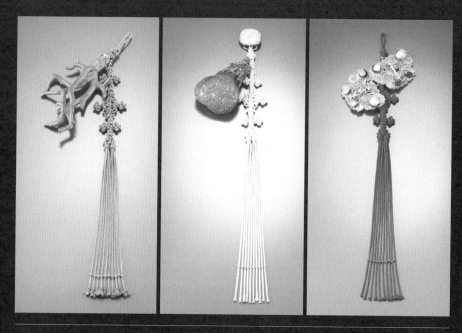

그림 52 산호가지, 밀화, 쌍나비 노리개, 국립고궁박물관

실에서 보내 준 당의를 입고 들어가야 했으니 사가에서 함부로 제작할 수 있는 사가의 옷이 아니다. 이제 처자들은 최종 선택 만을 남긴 상태에서 왕실의 특별한 옷인 당의를 입고 간택을 기다렸다. 누가 더 세자빈으로서의 품위가 드러나는지 그것을 밝히는 순간이었다.

작고 짧아진 저고리, 길고 풍성한 치마

조선 여인의 옷은 '치마저고리'이다. 치마저고리는 삼국시대 이래 우리나라의 전통 복식이 되어 지금까지 이어져 오고 있다. 큰 변화가 없었던 치마저고리는 15세기부터 서서히 저고리의 길이가 짧아지더니 급기야는 유두가 보일 정도로 길이가 줄어들고 품도 작아졌다. 소매통 역시 저고리의 길이에 따라 팔뚝에 달라붙을 정도로 바짝 줄였다. 이뿐만이 아니다. 하체에는 속옷을 겹겹이 껴입고 그 위로 두세 겹의 치마를 겹쳐 입기도 했다. 이는 엉덩이를 가리기 위해서 겹쳐 입은 것 같지만 실상은 오히려 엉덩이를 강조하기 위해 만들어진 새로운 실루엣이었다.

저고리, 언제부터 짧아졌을까

우리나라 여성의 저고리는 삼국시대 이래 조선 초까지도 엉덩이 선까지 내려오는 길이였다. 이런 저고리의 길이가 서서히 짧아지기 시작하더니, 허리를 살짝 덮는 정도가 되었다가 조선 후기에는 급기야 진동 길이보다도 짧아졌다.[42] 이는 성인 남자의 한 뼘 길이보다도 짧은 치수이다. 품도 작아져서 섶이 있어도 가슴을 덮을 수 없으니 앞가슴이 벌어진다.

옛날에는 대대大帶라고 하는 큰 띠가 있었고, 가죽으로 만든 혁대革帶도 있었다. 또 여러 가지 색으로 만든 실띠(條帶)도 있어 옷을 여며 입었다. 모두 큰 옷을 여미기 위해 사용된 것으로 허리에서 둘러 묶었다.[43]

그러나 저고리 길이가 짧아지면 더 이상 허리띠는 필요 없다. 대신 고름이 허리띠와 같은 역할을 하면서 앞가슴이 벌어지는 것을 여며 주게 된다. 그러니 허리띠 대신 생긴 고름은 가슴이 벌어지지 않도록 막아 주는 역할을 한다. 그러나 점점 짧아지고 좁아진 저고리의 안전장치가 얼마나 큰 역할을 했는지는 의문이다.

또 소매통은 어떠한가? 팔뚝의 굵기를 확인할 수 있을 정도로 팔에 꼭 낀다. 얼마나 꼭 맞았는지는 겨드랑이에서부터 소매

끝까지 생긴 주름으로 확인할 수 있다. 이제부터 저고리의 길이
가 얼마나 짧아졌고 품은 또 얼마나 좁아졌는지 그리고 소매통
은 얼마나 꼭 맞았는지 시각 자료를 통해 구체적으로 살펴보자.

【그림 53】은 쌍영총의 벽화에 그려진 여인의 모습이다. 저
고리의 길이가 엉덩이 중간 정도까지 내려오고 소매는 길고 풍
성하며 옷의 깃, 도련, 소매의 끝에는 선을 두르고 있다. 직물의
두께가 있어 허리에 치마를 입은 후 그 위에 저고리를 입는 방

그림 53 쌍영총, 고구려 고분벽화

그림 54 용강동 출토 토용, 국립경주박물관

식이다. 【그림 54】는 용강동에서 출토된 통일신라시대 여인의 저고리이다. 얇은 직물로 된 저고리는 가슴까지 올라온 치마 안에 넣어 입었다. 옷감이 얇고 비치는 천이었기에 가능한 착장법이다.

이후 고려시대에는 다시 삼국시대의 착장법으로 바뀌었다. 그러나 삼국시대와 같은 착장법은 아니다. 또 그때와 같은 저고리 모습도 아니다. 여기서 특징적인 것은 허리를 묶었던 띠가 없어졌다는 사실이다. 아직 허리띠가 없어도 될 만큼 고려시대의 저고리 길이가 짧아진 것은 아니다. 그렇다고 삼국시대와 같은 허리띠도 분명 아니다. 【그림 55】의 〈수월관음도〉에 등장하는 여인을 보자. 부드러운 느낌의 저고리는 허리를 살짝 덮는 정도이다. 그러다 보니 허리에서 묶는 대가 아니라 겨드랑이 아래 끈으로 앞길을 잡아당겨 여며 입은 모습이다. 옆구리에 주름이 져 있고 겨드랑이 아래 옆선이 터져 있다. 품이 넉넉하지는 않았던 것으로 보인다. 길이가 짧아지면서 품도 자연스럽게 작아졌다.

한편 【그림 56】과 같이 고려 말에는 다시 저고리의 길이가 길어져 전통을 고수하고 있는 모습이 확인된다. 하루아침에 모든 사람이 복식의 변화를 수용하는 것은 아니기 때문이다. 그러나 이러한 변화도 오래가지는 않았다. 14세기 말부터는 저

그림 55 〈수월관음도〉의 부분, 일본 대덕사

그림 57 작자 미상, 〈호조낭관계회도〉의 부분, 국립중앙박물관

그림 56 박익묘 벽화의 부분, 밀양 고법리

그림 58 작자 미상, 〈미인도〉의 부분, 문화재청 국가문화유산포털

고리의 길이가 짧아지기 시작했으며【그림 57】의 〈호조낭관계회도〉의 여인이 착용하고 있는 저고리는 그 위치가 허리선까지 올라왔다. 여전히 여성 상의는 가슴을 덮는 구조이다. 그러나 18세기에 보이는 저고리의 길이는 유두가 드러날 정도로 급격히 짧아졌다. 【그림 58】과 같이 극도로 짧아진 저고리 길이와 좁아진 품은 가슴을 여며 주지 못한다. 결국 저고리와 치마 사이로 유두가 그대로 드러나며 조금만 팔을 들어도 저고리 아래로 가슴이 드러난다.

이뿐만이 아니다. 극도로 좁아진 소매통은 또 다른 노출을 야기시킨다. 피가 통하지 않을 정도로 꼭 끼는 소매통은 많은 주름을 만들어 내면서 얼마나 딱 붙는 소매를 입었는지 짐작할 수 있게 한다.

치마, 허리에서 가슴 위로 올라가다

삼국시대 여성들의 하의는 바지가 기본이다. 바지는 양다리를 감싸는 것으로 고구려 고분벽화에서부터 확인된다. 여자들의 바지는 통이 넉넉하여 다리를 완전히 덮는다【그림 59】. 그 위에 다양한 형태의 치마를 입는다. 【그림 60】과 같이 여러 가지 색을 이어 붙인 색동치마도 있다. 그러나 기본적인 형태는 잔주름 또는 넓은 주름을 잡아 선을 댄 치마이다. 이러한 형태는 고려시대까지도 큰 변화가 없었다. 이후 조선시대에 이르러【그림 61, 62】와 같이 앞이 짧고 뒤가 긴 전단후장형의 새로운 형태가 의례용으로 등장했다.

물론 조선 중기까지도 치마는 허리에 둘러 입었다. 다만 저고리 길이가 짧아지면서 치마를 가슴 위에 둘러 입기 시작했다. 그런데 가슴 위에서 입는 치마는 허리에서와 달리 쉽게 흘러내렸고 새로운 착장법이 등장하게 되었다. 그도 그럴 것이【그림 63】과 같이 우리나라의 치마는 단순히 허리에 돌려 입은 후 말기에 붙어 있는 끈으로 치마를 고정시키는 구조이다. 그러나 가슴에 돌려 입은 치마는 입체적인 신체 구조 때문에 치마의 허리선을 고정시키지 못하고 그대로 흘러내린다. 그러다 보니 가슴을 가리기 위해【그림 64】와 같이 치마 말기를 넓게 만들었다. 그러나 흘러내리는 치마를 감당하기에는 역부족이었다. 이에 가슴 가리개를 만들어 가슴을 싸고 그 위로 치마를 돌려 입었다.

그림 59 **무용총**, 고구려 고분벽화   그림 60 **수산리**, 고구려 고분벽화

그림 61 **남양 홍씨 치마**, 단국대학교박물관   그림 62 **파평 윤씨 치마**, 고려대학교박물관

그림 63 **신윤복, 〈단오풍정〉의 부분**, 한국데이터베이스산업진흥원   그림 64 **신윤복, 〈청금상련〉의 부분**, 한국데이터베이스산업진흥원

하후상박下厚上薄, 창의적 착장법의 시작

하후상박형의 새로운 복식은 어떻게 입느냐가 관건이다. 하체에는 속옷을 겹겹이 껴입고 그 위로 두세 겹의 치마를 겹쳐 입은 후 그대로 내려뜨려 입기도 하고 걷어 올려 입기도 한다. 누가 어떻게 입느냐에 따라 새로운 스타일을 만들 수 있다. 과연 누가 가장 창의적으로 옷을 입었을까?

속옷, 겹겹이 껴입다

우리나라는 치마를 부풀리기 위해 속옷을 겹겹이 껴입는다. 단순히 껴입는 데 그치지 않고 어떻게 하면 더 풍성해 보일 수 있을까 하는 고민을 했다. 다양한 속옷 스타일을 만들어 낼 수 있는 원동력이 되었다.

맨 먼저 서양의 팬티와 같은 것이 다리속곳이다. 그 위에 【그림 65】와 같이 바지통이 넓은 속속곳을 입는다. 다음으로는 【그림 66】과 같은 통이 좁은 바지를 입음으로써 안에 입은 넓은 속속곳이 바지의 폭을 지탱하게 한다. 그 위에 다시 통이 넓은 단속곳을 입어 겉옷이 버틸 수 있도록 힘을 보강해 준다【그림 67】. 대체로 일반적인 여성의 기본 속옷은 여기까지다. 그러나

그림 65 **속곳**, 국립민속박물관

그림 66 **바지**, 국립민속박물관

그림 67 **단속곳**, 국립민속박물관

재력이 있는 집안의 여성이라면 단속곳 위에 너른바지를 입는다. 너른바지는 단에 한지를 덧댄 것으로 치마의 밑단을 퍼지게 하는 데 더욱 효과적이다. 또 그 위에 캉캉치마와 같은 무지기치마까지 겹쳐 입는다. 무지기치마도 3층, 5층, 7층, 9층까지 다양하다. 속옷만 무려 6벌이다. 게다가 공주나 중전이었다면 모시로 만든 대슘치마를 덧입어 최대한 치마를 부풀린다. 서양의 페티코트가 부럽지 않다.

요즘 사람들은 이렇게 많은 속옷을 어떻게 입었으며, 화장실은 어떻게 갔을까를 걱정한다. 그러나 걱정하지 마시라. 이들은 밑이 터져 있을 뿐 아니라 막혀 있다 할지라도 속곳의 부리가 넓어 용변을 보는 데에는 큰 무리가 없다. 프랑스에서 향수가 나오게 된 원인으로 화장실 가기가 만만치 않았던 로브를 꼽는다. 서양의 패티코트는 로브를 부풀리는 데는 효과적이었을지 모르지만 위생 면에서는 바람직하지 않았다. 위생적이면서도 여성성을 강조하기에 전혀 부족함이 없었던 것이 우리의 속옷이다.

하후상박, 새로운 스타일을 만들다

저고리 길이는 짧아지고 좁아지고, 치마가 크고 풍성해지자 전체적인 스타일은 하후상박형으로 변했다. 여성성이 드러나며 성적 매력 또한 부각된다. 여성성을 대표하는 신체 부위는 가슴, 허리, 엉덩이, 다리, 발 등으로 이어진다.

먼저 아름다운 가슴이란 반원형이면서 좌우가 대칭을 이루고 양쪽 가슴이 너무 밖으로 벌어지지도 않고 너무 가깝지도 않아야 한다. 두 유두점 사이의 간격이 쇄골 중심부와 만나 정삼각형을 이룰 때 이상적인 모양으로 간주한다. 물론 서양 기준의 아름다운 유방이지만 동양과 크게 다르지 않을 것이다.

조선시대 짧아진 저고리는 품이 작고 길이도 짧아지면서 가슴 아랫부분이 저고리 밖으로 살짝 드러난다. 유방을 가리기 위해 허리의 말기를 이용하여 가슴을 납작하게 만들어 보았지만 결코 작은 가슴만을 선호한 것은 아니다. 이러한 성향은 서양에서도 마찬가지이다. 서양에서는 14세기 중반부터 몸을 인식한 의상 스타일이 등장하여 패턴을 몸에 맞게 만들기 시작했다. 그러나 16세기까지도 가슴의 존재는 인정하지 않으려 했다. 【그림 68】은 〈제인 시모어의 초상〉이다. 목과 가슴, 어깨를 드러내기 위해 목둘레를 네모나게 한 사다리꼴의 데콜테decollete를 볼 수 있다.

그러나 데콜테의 외형이 뚜렷하게 형성된 것은 아니다. 오히려 가슴을 억압하고 납작해 보이도록 외형선을 드러내지 않

한스 홀바인, 〈제인 시모어의 초상〉, 빈 미술사
박물관

페테르 파울 루벤스, 〈밀짚모자〉, 런던 내셔널
갤러리

았다. 당시에는 평면적인 가슴이 이상적이라고 생각했다. 오
히려 크고 풍만한 가슴은 하층계급을 연상시켰을 뿐 아니라 나
이가 들었거나 대단히 부도덕하고 조악한 것들과 연관지어 인
식되기도 했다. 그러나 17세기 중반에 이르러 풍만하고 탄탄한
가슴이 매력적이라고 인식되기 시작했으며, 【그림 69】와 같이
여성의 가슴은 젊음과 아름다움의 상징이 되었다.[44]

이러한 여성성에 대한 인식은 조선에서도 마찬가지였다. 우리의 복식 구조상 다소간의 움직임에 따라서도 허리 말기가 흘러내리게 되어 있다. 그 사이로 가슴이 드러난다 할지라도 노골적인 가슴의 노출이 아니라 저고리 아래로 살짝 드러나는 정도였다. 그러나 탱탱한 둥근 가슴은 여성성을 표현하는 데 조금의 부족함도 없었다. 【그림 70, 71】과 같이 저고리 밑으로 드러난 짙은 분홍색의 젖꼭지는 젊음을 상징하며, 납작하게 누른 치마를 뚫고 터져 나온 유방은 노골적으로 드러낸 가슴보다도 훨씬 매력적이었다.

그림 70 신윤복, 〈계변가화〉의 부분, 한국데이터베이스산업진흥원

그림 71 유운홍, 〈기녀〉의 부분, 한국데이터베니스산업진흥원

또 다른 여성성의 상징은 허리와 엉덩이다. 우리나라의 복식 구조는 허리를 강조하지 않았다. 오히려 저고리 속에 감춰 허리의 위치를 파악하지 못하도록 했다. 조선 후기로 접어들면서 짧아진 저고리를 따라 허리 말기는 넓어졌으며, 가슴을 납작하게 누르면서 허리선이 드러났다.

그러나 이러한 복식 구조는 허리선보다 오히려 엉덩이를 강조하는 효과를 가져왔다. 엉덩이를 풍성하게 만들기 위해 치마를 어떻게 입는지 살펴보자. 첫 번째 방식은 【그림 72】와 같이 치마를 입고 그대로 내려뜨린 방식으로 조금만 움직여도 치마가 흘러내릴 수 있다. 두 번째는 【그림 73】과 같이 치마를 걸어 올려 가슴 앞에 딱 붙여 입는 방식으로 한쪽 팔로 치마를 붙잡고 있어 활동하는 데 제약이 따른다. 그러나 이렇게 치마를 걸어 올려 입자 의외로 엉덩이가 강조되는 새로운 스타일이 연출되었다. 세 번째는 【그림 74】와 같이 치마를 걸어 올린 후 허리끈으로 치마를 묶어 입는 방식이다. 두 손도 자유로울 뿐 아니라 치마 아래로 드러난 속옷의 노출은 또 다른 섹슈얼리티를 만들어 냈다.

그림 72 채용신, 〈전채용신팔도미인도〉의 부분, 한국데이터베이스산업진흥원

그림 73 채용신, 〈전채용신팔도미인도〉의 부분, 한국데이터베이스산업진흥원

그림 74 신윤복, 〈전모를 쓴 여인〉의 부분, 국립중앙박물관

패딩 숨은 속에 홑옷은 겉으로

'같은 옷 다른 느낌'이라는 제목의 기사를 볼 때가 종종 있다. 같은 옷이라도 누가 입었는지, 어떻게 입었는지에 따라 다르게 보인다는 얘기다. 전통시대 사람들은 지금보다 훨씬 서로 비슷한 옷을 많이 입었지만 각기 다르게 보인다. 그것은 자기에게 맞는 스타일을 만들어 입었기 때문이다. 조선시대 남자들의 멋내기 포인트가 무엇이었을까?

포, 예의를 차리다

조선시대 남성들은 기본적으로 바지저고리를 입었다. 여기에 포를 덧입으면 예의를 차린 옷이 된다. 우리나라 옷은 기본적으로 계절에 민감하다. 팔다리를 감싸 추위를 막고 앞깃을 열어 더위를 이겼다. 이러한 형태를 전개합임형前開合袵型 또는 카프탄caftan형이라고 한다. 추울 때는 깊이 여며 허리에 띠를 매고 더울 때는 앞을 열어 바람이 통할 수 있도록 한다. 계절의 변화에 최적화된 형태이다.

또 어떤 경우에는 배자를 입는다. 흰색의 바지와 저고리 대신 보라색의 누비저고리에 외올뜨기 누비바지를 입고 그 위에 양색 비단을 누벼 만들거나 털로 만든 배자를 입는다. 다양한 색깔과 소재를 이용하는 안목이 돋보인다. 남자들의 바지저고리 중 무늬가 있는 옷은 드물다. 그러나 바지, 저고리는 물론 배자까지 누벼 스트라이프 무늬를 만들어 냈다. 조선 사람들의 바느질 솜씨는 물론이러니와 세련된 무늬를 표현하는 기술 또한 뛰어났다.

배자 위에는 도포와 창의를 입는다. 멋쟁이들은 이때 숙초熟綃로 만든 홍의를 겉에 입고, 생초生綃로 만든 창의를 안에 받쳐 입는다. 숙초는 부드럽게 흘러내린다는 장점이 있다. 반면에 생초는 섬유를 가공해 부드럽게 만든 것이 아니므로 올이 꼿꼿하고 실 자체에 힘이 있다. 옷을 만들면 선이 빳빳하게 살아 있어 기상을 드러내기 좋다. 그러니 생초를 안에 입고 흐르는 듯 부드러운 숙초를 겉에 입으면 생생하고 부드러운 맵시를 둘 다 살릴 수 있다. 이러한 맵시를 제일 잘 살린 사람들이 조선의 별감들이다. 【그림 75】는 별감의 뒷모습이고 【그림 76】은 별감의 앞모습이다. 전체적으로 위풍당당해 보인다. 바로 안에 입은 누비배자와 숙초로 만든 창의가 겉에 입은 홍의를 매끄럽게 떨어지게 하면서도 당당하게 체격을 드러내 주기 때문이다.

그림 75 신윤복, 〈유곽쟁웅〉의 부분, 한국데이터베이스산업진흥원　　그림 76 신윤복, 〈야금모행〉의 부분, 한국데이터베이스산업진흥원

솜옷, 패딩으로 멋을 내다

　옷을 여며 입는 것만으로는 추위를 이겨 내기 어렵다. 이때는 솜옷을 입어야 한다. 하지만 솜옷은 따뜻한 대신 투박하다. 솜의 두께에 따라 차이가 있긴 하지만 솜옷으로 맵시를 내는 데에는 한계가 있다. 추위는 막으면서도 세련된 느낌을 주게 할

수는 없을까? 바느질 솜씨 좋은 조선 사람들이 찾아낸 방법은 바로 누비이다. 누비는 두 겹의 옷감을 겹쳐 2-3땀씩 직선으로 바느질하여 옷감이 따로 놀지 않도록 고정시키는 침선기법이다. 이때 옷감 사이에 솜을 넣기도 하고 옷감만 덧대어 바느질하기도 한다.

중요한 것은 솜의 두께와 누비의 간격이다. 조끼나 배자를 만들 것인지, 긴 포(겉옷)를 만들 것인지, 도포 안에 받쳐 입을 것인지, 상체를 커 보이게 할 것인지 등을 고려하여 누비의 간격과 두께를 정한다. 다양한 종류의 스트라이프를 만들면 최고의 디자인이 된다.

누비는 공력이 많이 들어가는 옷이다. 그러니 일반 옷보다 훨씬 비쌌다. 누비의 스트라이프 무늬는 세련미까지 주어 겉옷으로 입어 자랑할 만했다. 하지만 전통시대 남성들은 아무리 비싼 누비 옷이라 할지라도 솜옷을 겉옷으로 입지 않았다. 솜옷을 겉에 입는 것은 맵시가 나지 않는다고 생각했기 때문이다. 추위를 막기 위해 솜옷은 속에 입고, 홑옷은 겉에 입어 건강과 맵시까지 살리는 것이 누비를 이용한 착장법이었다.

남자의 수식, 세련미를 더하다

바지저고리, 도포 등은 대체로 크고 단순한 의복이다. 그렇기에 착장의 기술로 스타일을 만들고 선을 살리는 것이 조선 사람들의 착장 방식이었다. 아무리 비싼 솜옷, 누비 옷이라도 품위를 위해서라면 기꺼이 속으로 감추었다. 오히려 주머니와 허리띠만으로 단순한 옷에 포인트를 주어 새로운 스타일을 만들어 냈다.

조선 남자들이 가장 선호한 장신구는 허리를 중심으로 매고 있는 주머니·허리띠·선추 등이다. 이들은 화려한 색상의 끈목을 활용해 여기에 나비매듭·도래매듭·파리매듭·별매듭을 색색으로 꿰어 주머니를 만든다. 남성들의 주머니는 양쪽에 귀가 나온 것처럼 생겼다 하여 각낭 또는 귀주머니라고 한다. 주머니를 바지에 걸면 매듭 끈이 바지 아래에 모습을 드러내며 활력을 준다.

허리띠도 마찬가지이다. 천으로 만든 포백대는 실제 바지를 묶거나 모자를 고정시킬 때 사용한다. 그러나 커다란 도포 위에 묶는 허리띠는 실용적인 목적보다는 장식적인 목적이 강하다. 가늘고 둥근 세조대를 비롯해 굵고 둥근 동다회, 넓고 납작한 광다회, 오색사로 짠 교대 등이 있다. 대의 길이는 무려 4m

에 달한다. 누구라도 한 번 묶는 것만으로는 대가 땅에 끌릴 수밖에 없다. 이 허리끈으로 두 번 이상 감은 다음 매듭이 풀리지 않게 한 가닥을 고를 만든다. 허리끈은 포의 밑단보다 실시 않게 맨다. 그래야 허리끈의 양쪽 끝에 달린 딸기술이 흔들리며 생동감을 주기 때문이다. 결코 과하지 않으면서 멋을 아는 진정한 멋쟁이의 차림새가 되는 순간이다.

3

신발,
사랑을 전하다

짚신, 머리카락으로 삼은 사랑

신은 발을 보호하는 것이다. 그러나 '보호'라는 미명하에 발을 혹사시키기도 했다. 한족의 문화인 전족이 그렇다. 우리나라도 발이 작아야 미인이라고 생각했다. 얼마나 꼭 끼는 버선을 신었는지 혼자서는 벗기가 어려워 방을 빙글빙글 돌아야 겨우 버선을 벗을 정도였다고 한다. 버선만 그랬을까? 신발도 예외는 아니었다. 겨울에는 따뜻하고 여름에는 시원하며 오래 걸어도 발을 편하게 해 주어야 하지만 그런 신발은 많지 않다. 우리의 신은 어땠을까.

버선, 외씨 버선이 고와라

발이 예쁜 여자를 미인으로 꼽는다. 정확하게 말하면 작은 발이 예쁜 발이다. 심지어 남자의 손바닥 위에 올라갈 정도로 작은 발을 예쁘다고 했다. 발이 예뻐 보이는 데 결정적인 역할을 하는 것이 버선이다. 버선은 솜을 두어 만든 솜버선과 겹으로 만든 겹버선, 홑으로 만든 홑버선, 누비어 만든 누비버선 등 종류가 다양하다. 그중 제일의 맵시는 솜버선을 신어 발을 통통하게 한 후 홑버선을 신는 것이다.

버선은 부리·수눅·코·회목·볼로 구성된다. 버선의 아름다움은 수눅을 따라 내려오던 곡선이 버선코에서 하늘을 향해 사뿐히 올라가는 데 있다. 한국 여성이라면 이 아름다움은 놓칠 수 없었을 것이다. 【그림 77】은 거울을 보며 머리를 매만지는 여인의 모습이다. 왼쪽 치마를 걷어 올린 탓에 속옷 사이로 흰 버선이 보인다. 오이씨처럼 볼이 조붓하고 갸름하여 맵시가 난다. 「고풍」이라는 시에서도 '분홍색 회장저고리에 남끝동 자주 고름을 달고 긴 치맛자락을 살며시 치켜들고 있는 치마 밑으로 하얀 외씨버선이 고와라'라고 했다. 저고리의 색만 다를 뿐 시의 구절과 거의 일치한다.

그림 77 김홍도, 〈큰머리 한 여인〉, 서울대학교박물관

꽃신, 버선의 구조와 닮다

조선시대 여자의 신은 가죽신과 가죽 위에 비단을 덧입힌 비단신, 짚·부들·삼으로 만든 짚신과 미투리, 나무로 만든 나막신 등이 있다. 그중에서도 비단신은 '당혜' 또는 '운혜'라고 한다. 운혜는 고무신과 모양이 비슷한데 신바닥에 담을 깔아 따뜻하다는 의미에서 '온혜' 또는 '제비부리신'이라고도 하며 '꽃신'이라고도 불렀다. 이들 고급의 신은 질은 땅에서는 신을 수 없었으므로 마른신이라고도 했다.

꽃신은 바닥은 가죽으로 만들고 신 울타리는 모시와 삼베를 붙여 바탕으로 삼은 후, 겉을 비단이나 가죽으로 싼다. 가죽과 비단이 어우러지고 신울의 비단색과 앞코와 뒤축의 비단색을 달리하며 따뜻하고 사랑스러운 느낌을 연출한다. 다만 안타깝게도 이들 꽃신은 한 두어 번만 신더라도 바닥의 가죽이 금방 닳았다. 이를 보완하기 위해 밑창 가장자리 위와 아래에 징을 단다. 미끄럼까지 방지할 수 있으니 일석이조이지만 공력이 많이 든다. 마른신 한 켤레를 만드는 데 72번의 손이 간다고 하니, 양갓집 규수들도 혼인할 때나 장만할 수 있는 귀한 신이었다.[45]

더욱이 여자들이 신는 꽃신은 뭉뚝한 남자들의 신코와는 다르다. 신코가 뾰족하고 위로 들리는 것이 특징이다. 버선의 코가 위로 솟은 모양과 같다. 발등으로 보이는 흰 버선은 꽃신을 만든 색색의 비단과 조화를 이룬다. 치마를 살짝 걷어 올려 버선도 꽃신도 보여 주고 싶었으리라.

짚신, 사랑을 담다

짚신은 일반 서민들의 대표적인 신발이다. 짚신은 삼·왕골·부들 같은 재료로 만드는데, 곱게 만든 것을 미투리라고 한다. 벼농사를 짓는 지역에서는 가장 구하기 쉬운 재료이지만 짚이 없으면 칡 줄기나 종이, 나무껍질 등을 이용하기도 했다.

짚신은 재료를 구하기도 쉽고 만들기도 어렵지 않아 남녀노소가 평상시에 즐겨 신었다. 특히 과거를 보러 가거나 보부상이 장사를 위해 먼 길을 떠날 때에는 보다 넉넉한 양을 생서야 안다. 쉽게 떨어지는 단점이 있기 때문이다.

이응태(1556-1586) 무덤에서 나온 언문 편지가 있다. 머리카락과 삼을 섞어 짠 미투리와 함께 나온 편지이다. 이응태는 31살의 젊은 나이에 유복자를 남기고 세상을 떠났다. 부인은 병든 남편의 쾌유를 바라며 자신의 머리카락으로 미투리를 삼았다. 그러나 안타깝게도 남편이 세상을 떠나자 편지와 함께 미투리를 무덤에 묻었다. 편지의 내용을 보자.

원이 아버님께 올림
병술년 유월 초하룻날, 집에서

당신 언제나 나에게 '둘이 머리 희어지도록 살다가 함께 죽자'고 하셨지요. 그런데 어찌 나를 두고 당신 먼저 가십니까. 나와 어린아이는 누구의 말을 듣고 어떻게 살라고 다 버리고 당신 먼저 가십니까. 당신 나에게 마음을 어떻게 가져 왔고 또 나는 당신에게 마음을 어떻게 가져 왔었나요. 함께 누우면 언제나 나는 당신에게 말하곤 했지요. '여보, 다른 사람들도 우리처럼 서로 어여삐 여기고 사랑할까요.' '남들도 정말 우리 같을까요.' 어찌 그런 일들 생각하지도 않고 나를 버리고 먼저 가시는가요. 당신을 여의고는 아무리 해도 나는 살 수 없어요. 빨리 당신께 가고 싶어요. 나를 데려가 주세요. 당신을 향한 마음을 이승에서 잊을 수가 없고 서러운 뜻 한이 없습니다. 내 마음 어디에 두고 자식 데리고 당신을 그리워하며 살 수 있을까 생각합니다. 이 내 편지 보시고 내 꿈에 와서 자세히 말해 주세요. 꿈속에서 당신 말을 자세히 듣고 싶어서 이렇게 써서 넣어 드립니다. 자세히 보시고 나에게 말해 주세요. 당신 내 배 속의 자식 낳으면 보고 말할 것 있다 하고 그렇게 가시니, 배 속의 자식 낳으면 누구를 아버지라 하라시는 거지요. 아무리 한들 내 마음 같겠습니까. 이런 슬픈 일이 하늘 아래 또 있겠습니까. 당신은 한갓 그곳에 가 계실 뿐이지만 아무리 한들 내 마음같이 서럽겠습니까. 한도 없고 끝도 없어 다 못 쓰고 대강만 적습니다. …

짚신을 삼을 때 가장 기초가 되는 것이 바닥의 힘줄이 되는 신날이다. 보통 4가닥의 날을 바탕으로 하여 짚신을 삼게 되는

데 이를 '4날 짚신'이라고 한다. 미투리와 같이 고운 짚신은 6날 내지 8날로 삼는다. 신바닥이 넓고 부드러워야 질겨서 오래 신을 수 있다.[46]

편지를 쓴 '원이 엄마'도 삼을 고아 만든 신날에 삼과 머리카락을 섞어 바닥을 짰다. 먼 길을 떠나는 남편을 위해 발이 편했으면 하는 바람을 담았다.

협금화, 초상화에 남아 있다

신발은 걸어 다닐 때 발을 보호하기 위한 것으로 형태에 따라 크게 높이가 발목까지 올라온 화靴와 낮은 혜鞋로 구분한다. 그중에서도 화는 고구려시대부터 등장하는 것으로 그 역사가 오래되었다. 산이 많은 우리나라에서 간편하게 말을 타기 위해서는 화 속으로 바지를 넣어야 한다. 화의 발달은 어쩌면 자연스러운 현상이었을 것이다.

의례용 신발, 흑피혜黑皮鞋에서 흑피화黑皮靴로

조선은 의례가 발달한 나라이다. 왕실의 의례는 길례·가례·

빈례·군례·흉례 등 오례가 중심이 되었으며, 사가는 관례·혼례·상례·제례 등 사례를 중심으로 거행되었다. 각각의 의례에는 그에 걸맞은 복식을 착용해야 한다. 그중 관복으로 대표적인 것이 제복·조복·공복·상복·시복이다. 그러나 같은 의례에 참여한다 해도 역할에 따라 복식은 달라진다. 즉 제사에 참여하는 관리 중에서도 직접 술잔을 올리거나 축문을 읽는 등 직접적인 역할을 하는 제향관의 경우에는 제복을 입어야 한다. 제향관을 제외한 4품 이상은 조복을 입고, 5품 이하는 흑단령을 입는 것으로 규정되어 있다. 이때 조복을 입거나 상복인 흑단령을 입는 사람들은 모두 흑피화를 신는다.

물론 『경국대전』에는 제복과 조복을 입을 때에도 1품에서 6품까지는 흑피혜를 신고 7품에서 9품까지는 흑피화를 신는 것으로 규정되어 있다. 이 역시 실용적인 면이 부각된 결과이리라.

그러나 조복의 신발에 변화가 일어났다. 1508년(중종 3) 좌의정 박원종이 아뢰길, "신이 중국에서 조복·제복에 신는 화를 얻었는데, 이것이 매우 정결합니다. 본국의 혜말은 누추하니 중국 제도를 따르소서"라고 하였으나 중종이 조종조의 제도를 가볍게 변경할 수 없으니 대신들과 의논하라고 했다. 영의정 유순도 항상 혜와 말이 누추하여 제복과 조복에 맞지 않는다고 생각하였으므로 조복은 개인적으로 준비할 것을 요청하자 명년부터

실시하도록 윤허하였다. 【그림 78】은 조복을 입은 밀창군 이직 (1677-1746)의 초상화이다.[47] 【그림 79】는 밀창군의 아들 이익정 (1699-1782)이다.[48] 모두 1품에 해당하는 오량관에 조복을 입고 흑피화를 신고 있다. 조복의 중단과 상이 길게 내려와 화의 길 이 및 화의 형태를 확인할 수는 없지만 혜가 아닌 화로 바뀌었 음을 알 수 있다.

상복, 협금화를 신다

『경국대전』의 규정을 보면 공복에는 1품부터 9품까지 모두 화를 신는다. 상복에도 1품에서 3품까지는 화를 신는데 협금화挾金靴이다. 협금화가 어떻게 생겼는지 그 형태에 대한 정확한 기록은 없다. 다만 현전하는 초상화를 통해 '협금화'의 모습을 추정할 수 있다.

【그림 80】의 신숙주(1417-1475) 초상화를 보자. 사모를 쓰고 흉배가 달린 상복을 입고 있는데 흰색의 신발이 눈길을 사로잡 는다. 본래 흰색 신발은 백피화白皮靴라고 하여 상을 당했을 때 신는다. 그러나 초상화 속 신숙주는 백한흉배가 있는 단령을 입 고 흰색의 신발을 신고 있다.

조선왕조실록에서도 '백록피화'에 대한 기록을 찾을 수 있

다. 1528년(중종 23) 상의원으로 하여금 협금백록피화를 시급히 만들어 들이라는 기록이 있다. 신숙주가 신고 있는 신발이 바로 협금백록피화挾金白鹿皮靴로 보인다.

【그림 81】의 손소(1433-1484)도 사모를 쓰고 운안흉배가 있는 흑단령을 입고 있다. 그 역시 백록피화를 신고 있다. 그런데 신

숙주의 신발을 자세히 보면, 발등과 옆선에 선이 들어가 있는 것을 확인할 수 있다. 이것은 협금, 즉 금을 끼워 넣고 제작한 신발로 보인다. 이 외에도 운안흉배를 단 장말손(1431-1486)의 초상화에서도 협금백록피화를 확인할 수 있다【그림 82】. 다만 15세기 이후에는 백색의 협금화는 보이지 않는다.

화靴, 활동성을 담보하다

제복을 입을 때에도 7품 이하는 흑피화를 신도록 했다. 숭종 이후에는 조복을 입을 때, 모든 품직의 사람들이 다 흑피화로 바꾸어 신었다. 더욱이 공복은 처음부터 흑피화를 신었다. 공복은 1품에 서대를 띠고 2품에서 정3품까지는 여지금대를 띠고, 종3품 이하는 흑각대를 띠지만 신발은 모두 흑피화이다. 이는 공적인 일을 수행하거나 신분이 낮은 사람들은 간편해야 했기 때문일 것이다. 그렇다고 옷을 바꿀 수는 없기에 신발이라도 활동적인 것을 신음으로써 몸을 경첩하게 움질일 수 있게 한 것으로 보인다.

개항기 때 외국인의 기록 중 화에 대한 흥미로운 기사가 눈에 띈다. 길모어는 관리들이 등청할 때 왜 어두운 색깔의 화를 신는지 궁금해했다. 이에 대해 미국의 천문학자 퍼시벌 로웰 Percival Lawrence Lowell(1855-1916)은 장화를 신는 이유에 대해 옷에 빗물이 튀기는 것을 방지하기 위해서라고 했다.[49] 전혀 근거 없는 말은 아니다. 그러나 화의 유래를 보면 꼭 거기에 국한된 것도 아니다.

화는 방한防寒과 방침防浸에 적당한 북방계의 신발로 우리 고유의 신발에서 출발한다. 따라서 화는 북방 기마민족인 우리나

라의 특성상 사냥을 하거나 말을 탈 때 신체를 보호하고 넓은
바짓부리의 불편함을 줄이기 위한 목적으로 착용했다. 크고 넓
은 소매의 관복을 입어도 그나마 활동적일 수 있었던 것은 신발
덕분이었으며, 실용성을 배가시킬 수 있는 것이 화였던 것이다.

4

치장,
맵시를 완성하다

고름과 허리띠, 예술품이 되다

고름과 허리띠의 가장 큰 목적은 여밈이다. 그러나 조선시대 다양한 허리띠는 단지 여밈만을 목적으로 하지 않는다. 신분을 드러냈을뿐더러 무엇보다 '예술품'으로서 가치를 높여 주었다.

한복, 옷이 아니라 예술품이다.

한복이 옷이 아니라 예술품이라고 극찬한 사람이 있다. 『고요한 아침의 나라, 조선』을 쓴 새비지 랜도어다. 그는 플로렌스에서 태어나 파리에서 미술 공부를 한 탐험가이다. 그는 직선

재단인 우리 옷은 체형이 드러나게 하지 않을 뿐만 아니라 돋보이게 만들어야 할 체형을 오히려 볼품없게 만드는 경향이 있다고 했다. 그러나 조선 사람들은 간편한 단추 대신 고리 장식과 리본을 이용해서 단순한 형태의 의복을 멋지게 표현하였으며 저고리와 조화를 이루는 옷고름의 색상과 그 구성 비율로 옷에 활기를 준다고 평가했다.[50]

그중에서도 으뜸은 바지를 묶는 허리띠라고 했다. 그는 '매우 넓고 단아하게 주름져 턱 밑에서 발까지 이르는 이 바지를 입을 때에는 우선 이빨로 그것을 문 다음 술이 달린 예쁘고 긴 명주 허리띠로 허리둘레나 그 주변에 동여매어 입는데 허리띠는 보통 오른쪽으로 우아하고 길게 늘어뜨린다. 이 과정이 끝나면 걸어 다닐 때 허리띠가 바지 뒤로 처지는 것을 방지하기 위해 허리춤을 걷어 올린다'[51]고 하여 우리의 한복은 옷이라기보다 하나의 '예술품'이라고 극찬하였다. 이처럼 새비지 랜도어는 세심한 눈으로 바지를 들여다보고 허리띠에 감탄한 것이다. 대체로 바지의 허리띠는 그 위에 입은 저고리로 가려지기도 하고 저고리 위에 입은 배자나 창의 또는 도포에 의해서도 잘 보이지 않는다. 그럼에도 불구하고 바지의 착장법을 아주 자세하게 기록하고 있어 우리 옷에 대한 남다른 관심이 돋보인다.

로웰 역시 바지에 있는 화려한 술이 없었다면 한복 바지는

그림 83 신윤복, 〈휴기답풍〉의 부분, 한국데이 터베이스산업진흥원

그림 84 신윤복, 〈쌍검대무〉의 부분, 한국데이터베이스산업진흥원

그저 밋밋한 통바지가 돼서 그 드리워지는 선의 참맛을 찾아보기 힘들다고 했다.[52]

이뿐만이 아니다. 도포나 창옷 등 편복 위에 묶는 허리띠로 굵기가 가는 세조대細絛帶와 조금 넓은 광다회廣多繪가 있다고 하며, 이들은 옷을 여민다는 목적보다는 허리띠의 흔들림과 옷에 드러나는 색상의 분할을 통해 생동감을 주는 역할을 한다고 했다. 외국인들의 눈에 새롭게 들어온 허리띠는 【그림 83】과 【그

림 84】에서 자세히 볼 수 있다. 두 도포를 여미는 것은 가슴에 붙어 있는 고름이다. 그리고 그 위에 맨 남색 또는 자주색의 허리띠가 밋밋한 옷에 활력을 준다는 것이다. 몸의 움직임이 있을 때마다 역동성이 부가되는 것은 흔들리는 허리띠가 있었기에 가능한 일이었다.

허리띠, 신분을 가르다

우리 옷에는 품대品帶라고 하는 각대가 있다. 말 그대로 품계를 드러내는 대이다. 도포나 창의 등 평상시 입는 편복에는 세조대나 광대회를 묶지만 관복冠服에는 품대를 띠어 신분을 드러낸다. 『경국대전』의 규정을 보면 문관과 무관의 구분이 없이 조복·제복·상복의 착용 시에는 모두 1품에는 무소뿔로 만든 서대犀帶를 띠고 2품은 금대, 3품에서 4품은 은대, 5품 이하는 흑각대를 띤다. 여기에서 좀 더 자세히 들여다보면 2품 중 정2품은 삽금대를 띠고 종2품은 소금대를 띠며, 은대를 띠는 관리 중 정3품은 삽은대를 띠지만 종3품에서 4품까지는 소은대를 띤다. 그러나 공복을 입을 때에는 2품과 정3품까지는 여지금대를 띠고, 종3품 이하는 흑각대를 띤다. 특히 공복에 착용하는 대는 야자대也字帶의 형식을 취하는 것으로 등 뒤로 대의 끝이 늘어져 있

다. 마치 '世' 자와 같다 하여 '야자대'라고도 하였다.【그림 85】는
송종오(1828-1904)가 착용했던 것으로 전해지고 있는 야자대이
다. 송종오는 1888년 무자 별시문과에 장원 급제하여 정3품인
공조참의에 제수되었다. 이후 이조참의, 좌부승지 등에 제수[53]
되었는데 이들은 모두 정3품 품직에 해당한다. 한편 공복의 착
용이 약화된 조선 중기 이후에는 상복常服에 띠는 품대로 대신

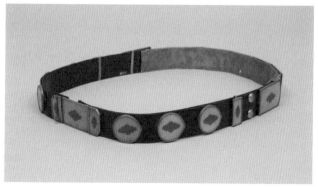

한다고 하였으나 초상화를 보면 종2품의 소금대는 【그림 86】의 학정대 또는 대모대로 바뀌었음을 알 수 있다.

이들 품대는 허리둘레에 비해 상당히 크다. 따라서 각대를 맬 때에는 앞 중심을 가슴 앞에 바짝 밀고 뒤로 각대가 늘어지게 한다. 관복의 양 옆구리에 달아 놓은 고리에 각대를 끼워 놓으면 무게를 지탱할 수 있어 한결 편하다. 각대를 앞에 부착시키면 크고 헐렁한 관복을 정리할 수 있어 맵시에도 도움이 된다.

허리띠, 어디에 맺고 묶을까?

허리띠를 매는 위치는 시대에 따라 상황에 따라 제각각이다. 제일 먼저 세조대나 광다회는 대체로 가슴 위쪽에 고를 하나로 내어 묶는 것이 일반적이다. 【그림 87】은 강세황(1713-1791)이 푸른색의 도포를 입고 붉은색의 세조대를 매고 있는 모습이다. 이번에는 강세황이 관복을 입고 금대를 배 아래쪽에 매고 있는 모습이다【그림 88】. 화제畫題를 보아 강세황이 71세 때의 모습이므로 1784년경에 그린 것이다. 이때에는 이미 가슴 위로 품대를 눌러 띠던 시대이지만 그림에서는 조선 초기 초상화에 보이는 바와 같이 배 아래로 그리고 있다. 이는 단순히 그림상의 표현일 뿐 실제 품대의 착장법과는 차이가 있다. 흉배의 모

습을 더 강조하기 위한 것이 아닌가 한다.

　한편 심의에는 두 가지의 띠를 맨다. 하나는 심의대이고 다른 하나는 조대이다. 심의대는 같은 흰색 바탕의 가장자리에 검은 선을 두른 것이며 조대는 여러 가지 색으로 꼰 허리띠이다. 【그림 89】는 심의를 입은 황현(1850-1941)의 모습이다. 심의에 달린 고름으로 묶은 후 그 위로 심의대와 조대를 매고 있다. 【그림 90】의 조대는 오채조로 엮어 짠 술띠이다. 심의대를 동심결로 묶은 위에 한 번 더 묶어 장식을 했다. 조대는 청색·홍색·황색·백색·흑색의 다섯 가지 색실을 너비 5-6푼으로 만드는데 오색을 각각 한 치씩 짠다.[54] 소색 또는 흰색 바탕의 심의에 오색 실띠가 심의대 사이로 길게 늘어질 때 단순함을 깨트리고 새로운 활력을 찾게 된다.

그림 89 채용신, 〈황현 초상화〉, 문화재청 국가문화유산포털   그림 90 작자 미상, 〈이재 초상화〉, 국립중앙박물관

주머니 한복의 맵시를 더하다

서양복 남성 정장에는 12-15개나 되는 주머니가 있다. 그러다 보니 용도도 모른 채 그저 손을 찔러 넣거나 물건을 넣을 때 사용하곤 한다. 주머니 때문에 옷이 처지거나 전체적인 맵시가 흐트러지기도 한다. 그렇다면 우리 한복은 어떨까? 우리 옷은 옷 자체에 붙어 있는 주머니가 없다. 한복은 크고 헐렁하여 주머니를 만든다 해도 옷에 무리가 가지 않는다. 그럼에도 불구하고 바지나 치마에 주머니를 만들지 않은 이유가 무엇일까

주머니, 생김새도 다양하다

우리가 일반적으로 아는 주머니는 둥글게 생긴 염낭이다. 두루주머니라고도 한다. 그러나 이것만 있는 것은 아니다. 장방형의 모양에 양 귀가 나온 각주머니라고 하는 귀주머니도 있다. 주로 두루주머니는 여성이 사용하고, 각주머니는 남성이 애용했다.

주머니는 신분의 고하나 남녀의 성별에 따라 그 꾸밈새를 달리했다. 주머니는 윗부분을 열어 물건을 넣을 수 있도록 하고 주름을 잡은 후 입구는 끈목으로 묶는다. 이때 주머니의 입이

일곱 번 이상 접힌 것은 궁중용이고 세 번 접힌 것은 일반 서민용이다. 꾸밈의 방식도 다양하여 적·백·창·황·흑의 다섯 가지 색의 조각을 이어 붙인 오방낭이 있는가 하면, 금박을 올린 부금付金 주머니도 있고, 여러 가지 문양을 수놓은 수주머니도 있다.

용도에 따라서는 담배를 넣는 주머니는 담배쌈지라 하며, 향을 넣는 것은 향주머니라고 한다. 수저를 넣을 때에는 길쭉한 모양으로 주머니 입이 뚜껑처럼 아래로 접히게 만들었으며, 붓을 넣는 붓주머니는 천을 사선으로 재단하여 만들었다. 또 약주머니는 붓주머니와 비슷한 방식으로 만들되 길이를 짧게 만들었다. 버선본을 넣기 위한 주머니는 네모난 천 조각으로 두 귀를 맞접어 꿰매고 나머지 두 귀에 단추를 달아 여미도록 만들었다. 또 부적을 넣는 작은 주머니는 큰 주머니 속에 이중으로 넣어 소중하게 간직했다. 이 외에도 복숭아 모양으로 만든 주머니도 있고 거북이 모양의 주머니도 있다.

『규합총서』를 쓴 빙허각 이씨는 귀주머니는 나비 5치 5푼, 길이 7치 5푼이면 귀까지 만든다고 하였으며, 두루주머니는 나비 5치, 길이 2치 5푼으로 만들어야 손실이 적다고 했다. 기본적인 크기는 있어도 다양한 형태의 주머니가 존재했음을 알 수 있다.

수주머니, 무슨 소원을 담았을까

옛날의 주머니에는 거의 다 수를 놓았다. 수주머니를 꽃주
머니 또는 복주머니라고 하는 이유도 여기에 있다.[55]

이들 주머니에 넣는 물건 중 흥미로운 것은 곡식이다. 왕실
에서는 한 해 동안 액을 면하고 복을 기원하는 뜻으로 볶은 콩
을 붉은 종이에 싸서 오방낭에 넣어 종친들에게 보냈다. 민간에
서도 새해 첫 번째 돼지날이나 쥐날이 되면, 볶은 콩이나 곡식
을 주머니에 넣어 선물했다. 들쥐나 멧돼지로부터 피해를 받지
않는다는 속신이 있었기 때문이다.

돌을 맞이한 어린아이에게는 【그림 91】과 같이 돌띠에 쌀·

그림 91 김홍도, 〈모당 홍이상공 평생도〉
의 부분, 국립중앙박물관

깨·조·팥 등의 곡식을 담은 주머니를 달아 주었다. 풍성한 먹거리가 평생 이어지기를 바라는 부모 마음을 담은 주머니이다. 또 혼인 때에는 신랑의 노란 주머니에 씨 박힌 목화 한 송이와 팥 아홉 알을 넣은 주머니를 달아 주었다. 아홉 명의 아들과 한 명의 딸을 두라는 뜻으로 자손이 번창하길 바라는 의미였다.

주머니에 어떤 것을 담을 것인가도 중요하지만 각자의 염원을 어떻게 드러낼 것인가도 중요했다. 금박을 찍을 수도 있고, 그림을 그릴 수도 있다. 그러나 우리나라 사람들이 가장 좋아한 것은 수를 놓는 방법이었다. 여러 가지 색실을 이용하여 경사스러운 의미를 담고 있는 수壽·복福·오복五福·다남多男·부귀富貴 등의 문자를 수놓는 것이다. 글자로 자신의 염원을 직접적으로 드러내는가 하면 은유적인 표현도 함께 썼다. 부귀를 상징하는 모란, 장수를 상징하는 복숭아, 십장생뿐 아니라 국화·매화·석류·연꽃·박쥐 등이 갖고 있는 상징적 의미를 표현했다. 어떤 방법이 됐든 염원하는 바는 수복강녕壽福康寧, 부귀영화富貴榮華로 귀결되었다.

주머니, 옷에 맵시를 더하다

주머니의 꾸밈은 여기서 끝나지 않는다. 주머니를 마무리하기 위한 매듭이나 끈에도 의미를 담았다. 이때 사용하는 매듭은 다른 가닥의 매듭이 풀어지지 않도록 고정시키거나 끝마무리를 할 때 사용하는 가장 기본적인 노래매듭, 생쪽매듭을 시긔스로 병아리매듭, 국화매듭, 딸기매듭, 장구매듭을 맺는다. 매듭은 다시 봉술, 낙지발술, 딸기술, 잔술 등과 연결한다. 그중에서도 귀주머니에는 봉술보다 길이가 짧은 잔술을 달고, 은파란으로 만든 표주박이나 괴불을 단다. 괴불은 비단 조각을 이용하여 삼각 모양을 겹으로 만들고 솜을 탄탄히 넣은 다음 둘레를 색실로 휘갑친 후 작은 고리를 만들어 삼각형의 위 꼭지점에 끼우고 삼각형의 양 모서리에는 술을 달아 장식한다. 괴불의 뾰족한 세 모서리에는 물, 불, 바람의 세 가지 악재를 눌러 주어 액을 막는다는 벽사의 의미가 담겨 있다. 염원을 위해 장식을 추가한 모습이다.

이제 이 멋진 주머니를 어디에 찰 것인가. 아기의 돌띠 주머니는 허리띠에 매달아 주머니가 등 뒤에 가도록 달아 준다. 어린이들의 복주머니는 보기 좋게 허리춤에 달아 준다. 저고리 아래 주머니와 매듭 끈이 같이 흔들려 생동감을 준다.

어른도 마찬가지다【그림 92, 93】. 그런데 조금 다른 멋을 부리고 싶은 사람은 주머니를 두 개 달아 개성을 더한다. 또 주머니를 허리춤이 아닌 배자 위에 달기도 한다. 이는 도포자락이 휘날릴 때 그 사이로 주머니가 살짝 보이게 하여 포인트를 줄 수 있기 때문이다. 돈과 담배 따위를 넣고 다니는 작은 비단 주머니는 보통 오렌지색이나 파란색으로 만든다. 기본적으로 옅은 색의 우리 옷에 단조로움을 없애 주기 위함이다. 여인들 역시 작은 주머니 안에 보석, 가위, 은장도, 행운을 비는 호랑이 발톱, 향낭, 금은으로 만든 고누판을 가지고 다녔다.[56] 정성을 다해 염원을 담은 주머니가 패션을 완성시킨다.

노리개, 기생의 마음만 훔쳤을까

한복은 동動보다는 정靜에 가까운 옷이다. 느리게 움직이고 우아하게 멈춰 있어야 멋이 난다고 생각하기 쉽다. 그러나 우리 옷에는 정적인 아름다움을 동적인 아름다움으로 바꾸는 여러 가지 요소가 있다. 그중 노리개는 여인들의 아름다움을 꾸며 줄뿐 아니라 여인의 소망과 실용성까지 담보한다.

노리개 세 개, 한 줄에 달다

노리개는 크게 띠돈, 주된 장식물인 주체, 주체를 걸고 있는

매듭 장식, 술 장식과 끈목으로 구성된다. 노리개를 옷고름에 차기 위해 은이나 동으로 만든 핀을 띠돈이라고 한다. 주체는 노리개의 중심이 되는 것으로 한 개 또는 세 개의 패물이 된다. 주체의 형태는 장도·동자·몽이·산호수·나비·밀화불수·오리· 매미·자라·해태·가지·포도송이·목화송이·천도·연화·석류· 호로병·주머니·종·표주박·북·장구·자물쇠·안경집·도끼·방 아다리·방울·투호·석등·벼루·염주 등 다양하다.

주체를 연결하는 매듭과 술은 홍색·남색·황색을 기본으로 분홍·연두·보라·자주·옥색 등을 사용한다. 매듭은 도래·국 화·가지방석 등을 맺고 아래에는 봉술·딸기술·낙지발술 등을 이용한다. 이렇게 구성된 노리개는 주체가 되는 패물이 한 개면 단작노리개, 세 개면 삼작노리개라고 했다. 그러나 왕실발기나 의궤 기록에 의하면 하나하나의 개념이 아니라 한 개 또는 세 개를 한 줄에 묶어 일줄一걸로 부르고 있다. 【그림 94】는 1887년 정해년에 있었던 세자빈의 관례 시 내려진 패물 단자이다. 당시 왕세자빈은 훗날 순종이 되는 왕세자 척의 빈궁으로 1882년에 가례를 치렀으며, 5년이 지난 후에 관례를 치렀다. 이에 대전에 서 패물 단자를 내렸다. 여기에는 산호주·밀화주·공작석주가 한 줄로 구성되어 있으며, 진옥목련·산호목련·공작석목련이 한 줄로 구성되어 있다. 또 이사소합 한 쌍과 이사조롱 세 개도

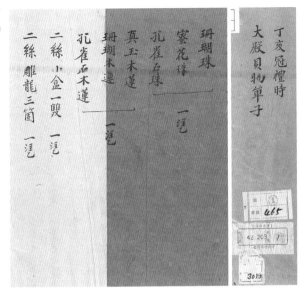

그림 94 「丁亥冠禮時 大殿貝物單子」
의 부분, 한국학중앙연구원 장서각 소장

珊瑚珠
蜜花珠 一�
孔雀石珠
真玉木蓮 一
珊瑚木蓮 一�
孔雀石木蓮
二絲 小盒一隻 一�
二絲 雕龍三箇 一�

丁亥冠禮時
大殿貝物單子

한 줄로 구성되어 있어 노리개 세 개를 묶어서 하나로 만들었으면 삼작노리개가 아니라 노리개 한 줄이 된다.

노리개, 조선 여인들이 가장 사랑한 장신구

조선 여인들이 가장 사랑한 소품은 단연 노리개다. 노리개는 향갑·향낭·침낭·장도 등 주체에 따라 명칭이 달라진다. 여기에 장식으로 부착된 매듭과 술은 몸의 동작에 따라 율동감을 더한다. 노리개는 향을 넣은 향갑이 특히 인기가 있었다. 뿌리는 향수가 아니라 달고 다니는 향수인 것이다. 향갑 위에는 국화매듭을 하고, 향갑 아래에는 오색의 딸기술을 단다. 딸기술 아래로 늘어진 오색술은 단아한 치마의 색에 활기를 불어넣는다. 이뿐만이 아니다. 여인들의 필수 아이템으로 빗, 거울과 함께 장도를 꼽는다. 장도는 호신용인 동시에 의장용이다. 또 여성들의 정절을 상징하기도 했다.

장도는 처음 젓가락·귀이개·과일 꽂이 등을 달아 실용적인 목적으로 사용되었다. 이후 점차 패션 소품으로 자리 잡으면서 금·은·동의 금속재료를 비롯해 흑단·향나무·대추나무·서각·흑각·상아 등의 나무와 뿔이 애용되었다.[57]

이 외에도 옥·호박·공작석·산호 등 보석류도 인기가 있었다. 형태에 따라서도 여인들의 버선코같이 생긴 을(乙)자형, 일(一)자형, 사각형, 팔각형이 있으며 장도의 중간에 있는 고리에 매듭을 달고 술을 연결했다. 최고의 공예 기술이 만들어 낸 결과이다.

노리개를 다는 위치는 흔들림의 정도와 깊은 관계가 있다. 저고리의 고름에 노리개를 끼워 고름을 한 번 묶어 주면 눌러 주는 효과가 있어서 설사 고름이 풀어진다 해도 바로 옷이 젖혀질 위험은 없다. 또 치마 위에 내려오는 노리개는 걸음걸이의 속도에 따라 흔들림이 달라지므로 걸음의 속도와 보폭을 조절

하는 데에도 효과적이다.

은장도 노리개, 숨은 소망을 내비지다

　여성들은 나름의 소망을 노리개에 투영한다. 물론 방아다리와 같이 귀이개로 사용하는 실용적인 목적의 노리개도 있다. 또 【그림 95】와 같이 가슴 앞에 차는 바늘통은 위아래로 나누어져 아래 칸에는 머리카락을 채워 바늘을 꽂아 둔다.[58] 바늘은 여인들의 일상인 침선針線을 위해 사용되기도 하지만 급체 시 손을 따는 비상 도구로도 이용되었다.

　은장도 또한 노리개와 같이 장식적인 목적으로 착용되기도 했지만 만일의 경우를 대비하여 순결을 지키는 데에도 사용되었다【그림 96】. 조선시대는 '내외법'을 법률화시키면서 여성들의 실생활에 상당한 규제가 가해졌다. 양반 여성들은 외출할 때 걸어서 다니지 않고 반드시 가마를 이용하거나 그렇지 않은 경우 대문 밖 출입을 자제했다. 외출뿐만 아니라 만나는 사람도 제한되어 있어서 사촌 이상은 만나기 힘든 감옥 같은 생활을 해야만 했다. 남녀가 유별하여 서로 말도 섞지 않는 상황에서 비록 대문간이라 하더라도 굳게 닫힌 대문의 안팎에서 얼굴도 보지 않은 채 목소리만 오가는 경우가 대부분이었다. 이렇게 남녀의

그림 95 바늘집노리개, 국립민속박물관

그림 96 은장도노리개, 국립대구박물관

관계가 극히 제한된 상황에서 은장도가 과연 무슨 필요가 있었을까?

호신용으로서 은장도가 필요했을까? 기생에게 있어서는 너 더욱 필요치 않았을 것이다. 기생은 8대 천민 중 하나로 남자들의 노리개에 지나지 않았다. 기생으로서의 삶보다는 일반인으로서의 삶을 추구했고, 벼슬아치의 첩이 되는 것을 최고의 영예로 생각했다. 비록 시·서·화에 능한 교양인이지만 남성 사회의 관심을 끌기 위해서는 자신을 돋보이게 할 수 있는 복식에 관심을 가질 수밖에 없었다.

짧아지고 좁아진 저고리, 짧게 걸어 올려 휘감아 입은 치마, 짧아진 치마 아래에 드러난 겹겹이 받쳐 입은 속옷으로 성적 매력을 표현하고자 했으면서도 한편으로는 은장도 노리개로 정숙성을 표현하고자 했던 기생의 복식이야말로 이중적인 마음을 더욱 돋보이게 하는 장치가 아니었을까?

흉배, 무신도 탐한 학흉배

흉배는 관복인 상복常服의 가슴과 등에 덧붙이는 문식文飾이다. 흉배는 옷을 아름답게 꾸미는 역할도 했지만, 신분을 구분

짓는 중요한 단서였다. 『경국대전』에는 품계에 따라 명확하게 흉배의 무늬를 규정해 놓았지만 시간이 지나면서 점차 혼란을 야기시켰다. 흉배의 무늬는 크게 날짐승과 길짐승으로 나뉜다. 문신은 날짐승, 무신은 길짐승이 기본적인 방침이었다. 그럼에도 불구하고 무신은 왜 날짐승 흉배를 달고 싶어 했을까?

흉배, 문식을 더하다

우리나라에서 흉배를 처음 단 것은 1454년(단종 2)이다. 하지만 그 이전에도 흉배를 달자는 논의는 지속되어 왔다. 1446년(세종 28)의 일이다. 예조에서는 관복에 공경하고 조심하자는 뜻이 없으니 당상관 이상의 관원에게는 단자緞子와 사라紗羅의 사용을 허가하여 조의朝衣를 만들게 하되 준비하기 어려운 사람은 본국의 포물을 검게 염색하여 아름답고 깨끗하게 하여 조정의 의식을 존중할 것을 아뢰었다. 이에 우의정 하연과 우참찬 정인지는 평상시 의복은 화려한 것이 필요치 않지만 조정의 관복으로 등차를 분명하게 하고 존비를 분별하는 것이 예문의 대절大節이니 흉배를 시왕의 제도에 의거하여 만들자고 했다. 그러나 영의정 황희는 검소를 숭상하고 사치를 억제하는 것이 정치하는 데 가장 먼저 해야 할 일이라고 했다. 특히 사라는 우리 땅에

178

서 생산되는 것이 아니며 흉배는 준비하기가 어렵다고 하며, 이미 품대品帶로 존비 등차를 가리고 있는데 흉배가 꼭 필요한지 반문하였다. 이에 세종은 황희의 의견을 따라 흉배를 나눈 깃을 허락하지 않았다.[59] 이후에도 흉배는 우리의 풍속에 맞지 않아 달지 않는다고 하였으나[60] 1454년(단종 2) 검토관 양성지가 경연에서 흉배를 입어서 조장朝章을 엄하게 할 것을 아뢰자 대신들에게 의논하라고 하였다. 결국 12월 1일 처음으로 순평군 이군생 이상의 종친 등에게 흉배단령을 착용하도록 허락하였다.[61] 이후 종친은 물론 문무관의 상복에 문장이 없을 수 없다는 이유로 문무당상관 이상은 모두 흉배를 붙이게 하여[62] 식이 시작되었다.

흉배, 날짐승과 길짐승으로 구분하다

흉배는 상복의 앞가슴과 등 뒤에 붙이는 문식이다. 『경국대전』에 있는 상복의 규정을 보면, 사모에 사라능단으로 만든 단령포를 입되 대군은 기린, 왕자는 백택, 문관 1품은 공작孔雀, 무관 1품은 호표虎豹가 있는 흉배를 달도록 했다. 다음으로 문관 2품은 운안雲鴈이며, 대사헌은 해치獬豸이고, 무관 2품은 호표이다. 문관 3품은 백한白鷳이고 무관 3품은 웅비熊羆로 3품까지만 흉배를 달 수 있었다.[63] 이후 속대전에는 당상관 3품 이상은 운안흉배를 달고, 당하 3품 이하는 백한흉배를 달되 무신은 경국대전의 내용과 같다[64]고 함으로써 문관 3품을 당상관과 당하관으로 구분하여 당상관은 운안을 대고 당하관은 백한을 다는 것으로 세분하였다. 이후 『대전통편』에는 원전에는 당상관 이상의 흉배가 지금과는 달랐으며, 당하 3품에서 참외관까지는 청녹색靑綠色의 공복만 있고 상복과 흉배가 없었다고 하면서 지금 옛 제도를 복구하기 어려워 우선 현재의 제도를 기록하여 서로 고증할 수 있도록 대비한다[65]고 하였을 뿐 바뀐 흉배에 대한 기록은 없다.

그러나 이러한 법전은 전례를 따르는 경우가 많아 실제 변화한 양상을 확인하기 위해서는 실록을 고찰해야 한다. 이에 1744년(영조 20) 『속대전』에 흉배의 내용을 추가하여 기록하라고 하였다. 즉 문관의 당상관 이상은 학이고 당상관 이하는 백한이었는데 지금의 제도는 뒤섞였으니 잘못된 습속이라고 하며, 바로잡아 『속대전』에 기록하라고 하였다. 학과 백한이 존재했음을 알 수 있는 대목이다. 이후 1795년 문관 당상관은 쌍학, 무관 당상관은 쌍호로 하고 문관 당하관은 단학, 무관 당하관은 단호를 붙이게 함으로써 흉배의 제도는 점차 단순해졌다.

날짐승 흉배, 무관도 탐하다

흉배의 무늬가 단순해지듯이 크기 또한 후기로 갈수록 작아졌다. 16-17세기에는 35-45cm로 가슴 앞을 거의 다 가릴 정도였다. 이후 18세기 전기에는 35cm 내외였다가 18세기 후반에는 30cm 내외로 작아졌다. 또 19세기에는 25cm 내외까지 작아졌다가 20세기에는 더 작아져 20cm 미만이 되었다.

한편 흉배의 무늬는 어두운 상복 색으로 인해 더욱 뚜렷해졌다. 문관의 흉배에 있는 무늬 중 최고는 단연 공작이다. 『오주연문장전산고』에 수록된 공작은 '그 꼬리가 매우 아름답다'고 하였으며, 목·가슴·어깨는 짙은 청색이고 광선에 따라 녹색과 자청색의 빛을 띠었다. 등과 허리는 청동 녹색이며 꼬리는 어두운 갈색으로 뒷머리에는 부채 모양의 깃털우관이 있고 꼬리 깃의 끝에는 심장 무늬가 있다. 공작은 목단, 구름과 함께 배치되어 있으며, 운안이나 백한도 크게 다르지 않았다. 다만 후기로 가면서 흉배의 제도가 문란해진 것은 사실이다.

1734년(영조 10) 영조는 무신들의 학흉배의 착용을 금지하였다. 김중만, 권희학, 박동형의 초상화를 보자.

권희학(1672-1742)은 분무공신 3등에 책록된 공신이다. 물론 무신으로 【그림 97】과 같이 호랑이가 시문된 흉배를 달고 있는

그림 97 〈권희학 초상〉, 한국학중앙연구원

그림 98 〈권희학 초상〉, 한국국학진흥원

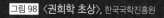

그림 99 작자 미상, 〈김중만 초상〉, 문화재청 국가문화유산포털

그림 100 작자 미상, 〈박동형 초상〉, 문화재청 국가문화유산포털

것이 맞다. 그러나 【그림 98】의 또 다른 초상화에서는 쌍학흉배를 달고 있는 모습이 확인된다. 이러한 예는 【그림 99】와 【그림 100】의 김중만과 박동형의 조상화에서도 확인된다.

이 세 사람은 모두 1728년 분무공신으로 책록된 사람들이다. 분명 공신책록 당시에는 호표흉배가 있는 단령을 입었겠지만 이모본에서는 모두 쌍학흉배를 달고 있다. 이들 이모본은 집안에 소장되어 있던 초상을 이모한 것으로 공신초상과는 다른 양식이다. 이뿐만 아니라 이모본을 그릴 당시에는 공신초상의 규정이 자유로워져 사모의 물결 무늬나 단령의 운보문, 소매의 표현 등에서 변화가 확인된다.[66] 결국 가장 변화가 적은 관복에서마저 복식을 통해 자신을 드러내고자 하는 욕망이 느껴진다.

5

우리 문화,
세계와 통하다

다듬이 소리, 가을밤을 수놓다

　옛 선인들이 꼽은 세 가지 기쁜 소리가 있다. 아기 울음소리, 글 읽는 소리 그리고 다듬이 소리이다. 집 안에서 아기 울음소리가 들린다는 것은 대가 끊기지 않았음을 의미하는 것이니 누가 들어도 기쁜 소리이다. 또 글 읽는 소리도 그렇다. 어린아이가 처음 글을 익히고 떠듬떠듬 읽는 모습을 상상해 보면 말로 표현할 수 없이 귀엽고 기특할 것이다. 또 젊은이의 글 읽는 소리라면 입신양명의 꿈을 실현시키고자 하는 기대와 의지가 담겨 있을 것이다. 모두가 기쁜 소리임이 분명하다. 그런데 그 기쁜 소리 중에 다듬이 소리를 꼽았다고 하니 조금은 생뚱맞다.

왜 다듬이 소리가 기쁜 소리가 되었을까.

빨래 끝, 행복 시작

여성에게 가사 노동의 부담을 경감시킨 일등공신은 '세탁기'다. 빨래를 끝내고 양팔을 벌려 "빨래 끝~"이라고 외치는 광고를 보면서, '행복 시작~'이라는 느낌이 드는 것은 세탁기의 신세계를 경험해 본 사람이라면 자연스럽게 알 수 있는 감정이다.

조선시대 여인들은 한결같이 깨끗한 물이 흐르는 냇가로 빨랫감을 이고 나가 찬물에 손을 담가 가며 빨래를 해야 했고, 햇볕 좋은 곳에 말려야 했다. 그러니 한겨울 찬물에 손을 담가야 한다면 그 고통이 얼마나 컸을지 짐작이 간다. 그러나 여기까지도 풀을 먹이기 위한 준비 단계일 뿐이다. 각 옷감에 맞게 다양한 종류의 풀을 농도에 맞추어 푸새하기 위해서는 숙련된 기술도 필요하다. 옷감의 종류와 색깔에 따라 풀의 종류와 다듬이 방법을 달리해야 옷감이 윤이 나고, 색도 선명해지기 때문이다.

다듬이질을 가장 많이 하는 때는 추석이나 설과 같은 명절 혹은 혼인 등의 큰 행사를 앞둔 시점이다. 설빔, 추석빔을 만들기 위해 바쁘게 옷감을 손질해야 한다. 또 혼사를 앞두고 방석, 이불 등 살림살이를 장만해야 할 때도 마찬가지다. 한두 조각의 옷감이 아니라 적어도 몇 필의 옷감은 손질해 놔야 필요한 옷과 이불을 만들 수 있다. 옷감이 있다고 해서 옷이나 이불이 완성되는 것은 아니다. 미리 준비한 옷감을 깨끗이 세탁하고 풀을 먹인 다음 반듯하게 다듬이질을 해 놓아야 비로소 바느질이 시작된다.

다듬이질, 노하우를 담다

빙허각 이씨의 '규합총서'에 실린 다듬이질 노하우를 들어 보자. 우리나라 사람들이 가장 귀하다고 생각한 자주색은 풀을 뜨물과 같은 농도로 묽게 개어 먹인 뒤 살짝 말랐을 때 힘껏 밟아 홍두깨에 감아 밀어 가며 다듬질하는 방법이다. 푸른색을 만들 때에는 대암풀을 먹이고, 진홍색에는 대왕풀과 아교풀을 섞어 먹인다. 또 보라색은 생토란을 갈아 그 즙을 먹이고 아청색은 아교풀을 먹인다. 또 직물에 따라서도 먹이는 풀이 달랐다. 비단에는 대왕풀을 먹이고 명주는 달걀흰자를 녹말풀에 섞어 쓴다. 무명에는 백면가루를 섞어 먹이고 모시는 활석이나 녹말을 먹여야 한다.

이제 풀을 먹였으면 햇볕에 널어 꾸덕꾸덕하게 말릴 차례이다. 너무 바짝 마르면 다듬이질이 어렵게 되니 손에 물을 묻혀 골고루 뿌려 주거나 입으로 물을 뿜어 숨을 죽인다. 이 또한 기술이 필요하다. 물을 뿌렸으면 골고루 물이 배도록 보자기에 싸서 이리저리 뒤집어 가며 발로 밟는다. 그 작업이 끝나면 다시 펴서 양쪽에서 잡고, 틀어진 올을 맞추고 솔기도 잘 정리하면서 다듬잇돌보다 조금 작은 크기로 반듯하게 접는다.

다듬이질, 난타가 따로 없다

이제 본격적으로 다듬이질이 시작된다. 옷감을 홍두깨에 감아 방망이로 두들기거나 다듬잇돌 위에 올려놓고 방망이질을 한다. 또 다듬이질은 혼자 할 수도 있고 둘이 마주 앉아 할 수도 있다. 혼자보다는 둘이 할 때 훨씬 리듬감이 있다. 다듬잇돌의 크기는 50㎝ 정도이다. 그러다 보니 서로 호흡이 맞지 않으면 방망이끼리 부딪치게 되거나 맨 다듬잇돌만 두들기게 될 수도 있다.

다듬이 소리가 돌 깨지듯 둔탁하게 되지 않으려면 운율을 타야 한다. 리듬감 있는 소리는 둘의 호흡에 달려 있다. 시어머니나 동서에게 마음 상한 일이 있었더라도 방망이로 빨래를 두드리는 순간만큼은 서로의 눈을 쳐다보고, 마음을 읽고 이해해야만 비로소 방망이의 호흡이 척척 맞아떨어지게 된다.

깊은 밤 다듬이 소리가 소음이 아니라 어떤 악기로도 표현할 수 없는 청아하고 정겨운 소리로 들렸던 것은 서로에게 맞추려 노력하고 이해하는 마음에서 방망이를 누늘셨기 때문이나. 방망이를 두드리는 순간 가족의 화목과 행복이 살아나고 그동안 쌓였던 스트레스가 사라지면서 울려 퍼지는 소리. 어찌 기쁜 소리가 아니겠는가.

공예 기술, 국가에서 공방을 키우다

몇 년 전 세계적인 명품 브랜드 샤넬에서 '한복'을 오마주한 작품들을 선보였다. 필자는 샤넬의 직원을 상대로 한국 복식의 아름다움이 어디에서 어떻게 표출되었는지 '한복의 미'에 대하여 강의한 적이 있다. 샤넬의 직원들은 샤넬의 가방, 신발, 옷이 나오기까지는 공방의 역할이 컸다며 자랑스러워했다. 우린 장인이 없어 명품을 만들지 못한다는 투였다. 정말 그랬을까?

장인, 국가가 키우다

『경국대전』 공전 조를 보면 서울과 지방의 공장은 장적帳籍

을 작성하여 본조와 본사, 본도, 본읍에 두었다. 나라에서 관리하는 장인은 크게 경공장과 외공장으로 구분된다. 경공장 소속 장인 중 상의원에 소속된 장인들만 해도 68종목에 597명이나 되었다. 이 중에는 초립장, 사모장과 같이 모자와 관련된 장인이 있었는가 하면 금박장, 매듭장과 같이 장식과 관련된 장인도 있었다. 또 빨래를 담당하는 세답장, 다듬이질을 담당하는 도침장, 옷감을 짜기 위해 실을 합사하거나 염색하는 장인도 있었다. 물론 바느질을 담당하는 침선장도 있었음은 물론이다.

특히 왕실에서는 침선과 수를 놓는 나인들을 일찍부터 발굴하여 기술을 가르쳤다. 수방에 있는 어린 나인들은 손에 난 바늘 자국이 마를 날이 없었다고 할 정도로 숙련도가 대단했다. 침선비들을 특히 아낀 임금은 연산군이다. 연산군은 1504년(연산군 10) "흉배의 금선金線은 공정이 세밀하여 만들기 어려우니 그 직공 및 침선비에게는 많은 기술을 습득하고 전수하게 하여 능한 자에게는 우대하여 상을 주고 능하지 못한 자는 처벌하라"[67]고 할 정도로 침선의 어려움을 잘 알고 있었다. 특히 의례를 치르고 난 후에는 장인들의 노고를 치하하며, 상격을 내려주었다. 【그림 101】은 1882년 동궁마마 가례 후 침방과 수방에 내려진 상격 발기이다. 침방과 수방에 소속된 나인들에게는 역할 및 능력에 따라 주紬, 백목白木, 관목官木, 목木 등 직물을 지급

「임오이월 가례시 닉인상격ᄒ오신 불긔」, 한국학중앙연구원 장서각 소장

하였다. 의례는 끝났어도 그들의 노고에 대한 보답이며, 기술에 대한 격려였다.

기술, 손끝에서 피어나다

공예 기술의 기본은 손끝에서 나온다. 한국인의 손재주는 이미 세계적으로 명성이 나 있다. 이는 하루아침에 이루어진 것이 아니라 오랜 세월 갈고닦은 결과다. 빠른 손놀림과 그에 못지않은 정확성은 바느질에서도 그대로 드러난다. 가장 기본적인 바느질은 직물을 꿰매 옷을 만드는 것이다. 그러나 바느질을 이용한 장식은 튀지 않으면서도 아름다움을 표현할 수 있는 기

술이다. 옷감 위를 가로세로로 누비기만 해도 세련된 줄무늬 패턴이 만들어진다. 또 실의 색과 굵기를 살짝 바꾸어 두 땀 또는 세 땀 상침上針을 놓기만 해도 장식으로서 손색이 없다. 여기에 옷감 한 조각도 소홀히 여기지 않던 한국인의 검소함 때문인지 바느질이 끝난 뒤에도 언제나 조각 천이 남았다.

이 조각들은 다시 여인들의 손끝에서 색동이 되고 조각보도 된다. 조각보는 어느 것 하나 자투리 천으로 볼품없거나 촌스러운 것이 없었다. 더욱이 자연스럽게 이어 놓은 조각들은 점점 짙어지거나 연해지는 그라데이션gradation의 효과를 주기도 하고, 하얀 모시 위에 쪽빛 조각 천으로 탈바꿈되기도 하고, 색색의 조각이 되어 삼각형, 사각형으로 이어 붙여지기도 했다. 그리고 한 걸음 더 나아가 여러 가지 크기의 조각으로 이어 붙여지고 그 안에 수가 놓이거나 그림이 그려졌다. 조각보는 하나의 캔버스로서 조선 여인들을 디자이너의 세계로 초대하는 영감의 근원이었다. 어려서부터 색색의 조각을 가지고 놀던 한국인에게 색채 감각은 자연스럽게 길러졌다.

샤넬, 한복이 아닌 공예 기술을 오마주하다

명품 브랜드 샤넬은 세계 각지를 돌아다니며 '크루즈 컬렉선'을 선보이고 있다. 뉴욕을 시작으로 로스앤젤레스, 마이애미, 베네치아, 생트로페, 싱가포르, 두바이에 이어 2015년 서울에도 상륙했다. 이 컬렉션을 통해 샤넬의 수석 디자이너였던 칼 라거펠트Karl Lagerfeld는 각 도시가 지닌 아름다움을 '샤넬의 심벌' 속에 녹여 냈다. 서울 컬렉션의 영감은 단연 '한복'이었다. 하지만 라거펠트는 시선을 단순히 한복에만 두지 않았는지 한국의 전통 공예를 모두 망라한 재해석을 내놨다.

베개는 잠을 자거나 휴식을 취할 때 머리를 괴는 물건이다. 대개의 사람들이 사용하는 것이니 그만큼 친숙한 물품이다. 그러나 베개를 만드는 재료와 모양, 크기는 나라마다 다르다【그림 102】.

그림 102 베개, 국립민속박물관

누비베개, 통영시립박물관

　우리가 익히 알던 사물에서 독창적인 무언가를 발견할 수 있는 것은 그것이 이처럼 보편적이기 때문일 것이다. 우리나라의 베개는 직사각형의 상자 형태의 양옆에 베개 마구리를 붙이고 천으로 싸서 기본 틀을 만든다. 남성용 베개에는 작은 서랍을 짜 넣어 구급약이나 방향성 약재를 넣고, 여성의 것에는 빗이나 화장 도구를 넣어 실용성을 높였다. 수납이 돋보이는 구성이다. 베개에서 독창성을 드러낼 수 있는 부분은 마구리이다. 여성용 베개의 마구리에는 직사각형 모양의 천을, 남성의 것에는 원 모양의 천을 붙여 음양의 조화를 이루게 했다. 여기에 조개나 전복 껍질을 붙여 만드는 나전螺鈿·화각華角·목각木刻·상아象牙·자수刺繡·누비 등도 장식의 효과를 높였다【그림 103】.

칼 라거펠트도 한국의 다양한 공에 기술을 보고 감탄하지 않을 수 없었다. 라거펠트는 베개의 겉면을 누벼서 가방의 몸체를 만들고 마구리에는 샤넬의 상징인 카멜리아를 붙여 '필로우백'을 만들었다. 또 동서남북과 중앙을 상징하는 청·백·홍·흑·황색을 이어 붙인 오방낭으로부터 영감을 받아 스웨이드 소재로 복주머니 형태의 '드로스트링백'을 만들었다.

한국인의 멋, 어디서 나왔나

한류 속 한국인에 대한 세계인의 관심이 뜨겁다. 한국인의 멋을 하나로 말하기는 어렵다. 노래만 잘한다고 연기만 잘한다고 열광하는 것이 아니기 때문이다. 노래, 연기 등이 빛을 발하기 위해서는 얼굴, 옷, 장식 등이 뒤따라야 한다. 이들이 어우러져 일구어 낸 한류는 2000년 이후 지구촌화와 함께 세계 속으로 급속히 번져 나갔다.

K-뷰티, 친환경에서 출발하다

한국의 미용은 2000년 이후 'K-beauty'라는 새로운 분야를

개척했다. 한국인이 갖고 있는 미의 기준은 단연 백옥 같은 피부에 검은 머리카락이다. 백옥 같은 피부는 기미·주근깨·잡티가 없는 맑고 깨끗한 피부였으며, 검은 머리카락은 짙은 초록색을 띠는 검은색의 길고 풍성한 머리였다. 감당하기 어려울 정도의 크고 풍성한 가체加髢는 오히려 희고 깨끗한 피부일 때 더욱 돋보이는 효과를 가져왔다.

중국은 당나라에서부터 화전花鈿·액황額黃·면엽面靨·사홍斜紅을 비롯해 이마·콧등·턱에 흰색으로 하이라이트를 주는 화장이 발전하였다. 이러한 화장법은 얼굴의 각 부위를 강조하여 시선을 분산시킴으로써 얼굴을 작고 입체적으로 보이게 하는 효과를 준다.

일본은 흰색·빨간색·검정색, 이 세 가지 색을 기본으로 얼굴 전체에 백분을 바르고, 눈썹을 밀거나 이마 위에 그린다. 감정의 변화를 쉽게 읽을 수 없게 눈썹을 지웠으며, 백분은 얼굴뿐만 아니라 감정까지 감추는 효과를 가져왔다.

물론 중국이나 일본도 희고 깨끗한 피부를 선호했다. 그러나 한국인이 맨피부 자체에서 오는 깨끗함을 추구한 것과 달리 중국이나 일본은 색채를 돋보이게 하기 위하여 흰 피부를 선호한 것이다.

한국인의 백옥 같은 피부에 결정적인 역할을 한 것은 우리

의 자연환경이다. 예부터 '금수강산'이라고 하여 비단에 수를
놓은 것처럼 아름다운 산천을 갖고 있던 우리나라의 물과 공기
가 피부를 백옥같이 만드는 데 결정적인 역할을 했다고 본다.
여기에 주변에서 쉽게 구할 수 있으면서 피부를 자극하지 않았
던 오이, 유자, 박, 수세미 등을 이용한 천연 성분의 화장수를
만들어 사용한 것도 한몫했기에 그 비법이 지금까지도 이어지
고 있다.

한복, 투피스 스타일로 수준 높은 미의식을 만들다

일본의 대표적인 옷은 기모노이고 중국은 치파오이다. 모두
원피스 스타일이다. 일본의 학자 무라사와 히로토村澤博人는 치
마저고리로 대표되는 한복은 몸의 존재를 명확히 드러내는 복
식이라고 진단했다. 반대로 기모노는 얼굴이나 몸을 보여 주는
복식은 아니었다. 즉 일본인들은 얼굴이나 몸의 존재감을 명확
히 드러내지 않는 것을 아름답다고 생각하고 추구했다. 따라서
기모노는 몸의 선이 드러나지 않게 했다. 옷매무새가 흐트러지
는 것을 꺼렸고 감정의 움직임이 표정으로 드러나는 것을 상스
럽게 여겼다. 이러한 인식은 기모노에 표현된 옷감의 회화성을
발달시켰다. 결국 옷감 자체에 염색이나 자수로 회화성을 강조

하고, 그 안에 담겨 있는 몸은 소거했다. 심지어 몸이 갖는 굴곡을 없애기 위해 절구통 모양의 기모노를 입었다.

그러나 한복은 색의 조합이 화려하고 치마와 저고리로 나뉜 투피스 형식으로 가슴의 존재를 명확히 하여 여성성이 강조되는 복식이라고 진단했다. 치마저고리는 순박한 색채에 따른 색의 조합을 추구하고 옷에 구성선을 넣어 신체에 대한 이해를 돕는다. 저고리는 깃, 몸판인 길, 소매로 구성된다. 극히 단순한 구조이다. 그러나 여기에 곁마기, 끝동, 고름 등에 몸판과는 다른 색을 집어넣음으로써 상호 조화를 이루게 한다. 기모노처럼 회화성은 없지만, 색을 사용함으로써 오히려 서양 옷처럼 잘록한 허리와 풍만한 가슴을 표현하는 차림새를 탄생시켰다.

그런데 이러한 스타일이 한국에서만 통용된 것은 아니다. 서양에서도 가슴을 파고, 허리를 가늘게 조이며, 엉덩이를 부풀리는 아워글라스hourglass 실루엣shiloutte이 탄생하며 여성성에 대한 관심을 불러일으켰다. 표현 방식은 다르다 할지라도 동시대에 한국과 서양에서 여성성이 강조된 미의식이 싹튼 것은 결코 우연이 아니다.

한국인의 멋, 어디로 흐를 것인가

한국인의 멋은 전통에서부터 출발한다. 우리의 몸속 깊이 자리한 전통을 기반으로 성장한 미의식은 지구촌화와 맞물리며 성장하고 있다. 특히 우리의 미의식은 우리의 몸을 인식하며 자연스럽게 성장, 발전하였기에 누구나 이해할 수 있고 누구나 아름답다고 느끼는 보편적인 미의식을 담보한다. 그러나 보편적 미의식만으로는 세계인의 눈을 사로잡을 수는 없다. 우리만이 갖는 독특한 미의식이 존재해야만 가능하다.

바야흐로 문화의 시대다. 지금 세계는 그 어느 때보다 다양한 문화를 추구하고, 그 문화를 이해하고 수용할 수 있는 태도를 각 나라에 종용하고 있다. 이러한 시점에 문화콘텐츠 산업이 주목되는 것은 우리 한복이 그만큼 활용성이 좋기 때문이다. 앞서 언급했듯 우리 복식의 아름다움은 샤넬의 수장이었던 라거펠트를 위시한 세계의 여러 전문가에게 인정받았다. 이제는 수준 높은 IT 기술을 바탕으로 한 문화콘텐츠 산업을 통해 여러 나라의 일반인들까지 우리 조상의 미의식이 반영된 한복에 열광하고 있다.

이러한 현상은 오래 지속될 것이다. 그것은 우리가 만들어내는 문화콘텐츠가 최고 수준에 있으며, 앞으로도 성장할 수 있는 동력이 충분하기 때문이다. 그러다 보니 주변의 시샘도 만만치 않다. 대표적인 것이 중국의 한푸 논쟁이다. 한푸는 2000년대 이후 새로 만들어진 용어이다. 한나라의 복식인 한복漢服을 중국어로 한푸라고 하며 한복이 한푸에서 나왔다는 억지 주장을 펼치고 있다. 특히 조선시대를 배경으로 한 사극 드라마가 인기를 끌자 중국에서는 조선의 관복이 명대의 유물이라며 이 또한 한푸라고 우기고 있다. 물론 중국 명나라 때 관복을 받아들인 것은 사실이다. 그러나 옷이라는 것은 아무리 좋은 것을 받아 왔다 해도 그 나라의 풍속과 맞지 않으면 쉽사리 받아들여지지 않는다. 따라서 복식은 '토착화'의 과정을 거쳐 자기 스타일로 변화해야만 생존할 수 있다. 결국 조선 사람들이 입었던 옷은 중국에서 들여왔다 하더라도 조선의 고유한 스타일로 변화·발전되었음을 인지해야 한다. 조선시대 우리 옷이 세계인의 눈을 사로잡았던 것은 그것이 중국의 영향을 받았기 때문이 아니라 조선 스타일로 정착되어 줄곧 이어져 오면서 우리 고유의 문화 속에서 변용되고 발전되었기 때문이다.

이제 우리나라는 중국의 문화만이 아닌 전 세계의 문화를 받아들이고 있다. 다른 어느 나라도 마찬가지이다. 하지만, 문화를 들여오는 방식이나 그 활용은 나라마다 제각기 다를 것이다. 거기다가 문화란 본디 한 나라의 풍속에 이식되어 한 번 자리 잡은 뒤에는, 생명력을 띤 채 그곳의 생리에 맞추어 살아 움직인다. 또 그것이 당연한 일이다. 앞으로는 더욱 문화 교류가 활발해질 것이다. 결국에는 자신만의 스타일로 만든 창의적이고 예술성을 갖춘 복식만이 살아남을 것이며, 한복도 그렇게 발전해 나갈 것이다.

주석

1 G. W. 길모어 지음, 신복룡 옮김, 『서울 풍물지』, 집문당, 1999, 324쪽.

2 L. H. 언더우드 지음, 신복룡·최수근 옮김, 『상투의 나라』, 1999, 201쪽.

3 『문종실록』 12권, 문종 2년 3월 28일(신유).

4 『미암일기』, 1573년 9월 초8일, '蔚珍宰丁龜壽 送網巾來'.

5 『미암일기』, 1575년 12월 17일, '禧陵下人 持景濂書來 乃光先婚時網巾 紫芝口繪帶一件 新奴草笠一事送來也'.

6 『미암일기』, 1576년 1월 1일, '卯時 令光先加冠 卽著草笠網巾也 … 光先頭大 而耐笠網巾 可喜可喜'.

7 『인재일록』, 1617년 2월 25일, '父主往下宅 見辛參奉而歸 是日 濟州人來 牧使叔 送以網巾一部'.

8 『야곡일록』, 1624년 11월 19일, '余所着網巾盡破 方欲買取 判官知之 遺以一条結新網巾一事'.

9 『인재일록』, 1619년 2월 5일, '朝 有所事 買新網巾 修飾以着'.

10 원창애 외, 『인정사정, 조선 군대 생활사』, 한국학중앙연구원출판부, 2017, 145쪽.

11 이덕무, 『청장관전서』, 제27권-29권, 사소절, 복식.

12 국립민속박물관, 『한국의식주생활사전』, 「의생활·갓」, 2017, 42-46쪽.

13 서유구, 『임원경제지』, 「섬용지·복식지구·관건」, "洗笠汚法, 笠子油汚, 或汗透, 以烏豆煎濃湯洗之".

14 이민주, 「풍석의 복식 분류와 '향거양지'」, 『풍석 서유구 연구 下』, 사람의무늬, 2015, 136-139쪽.

15 『(인조장렬후)가례도감의궤』, 실용질, "髢髮陸拾捌丹伍介 …".

16 『(숙종인현후)책례도감의궤』, 중궁전책례시소용각양물종, "… 髢髮陸二十丹".

17 이민주, 「개항기 외국인의 기록과 삽화를 통해 본 우리의 복식 문화」, 『역사민속학』 27, 한국역사민속학회, 2008, 110-111쪽.

18 A. H. 새비지 랜도어 지음, 신복룡·장우영 옮김, 『고요한 아침의 나라 조선』, 집문당, 1999, 57쪽.

19 엘리자베스 키스 외 지음, 송영달 옮김, 『영국 화가 엘리자베스 키스의 코리아』, 책과함께, 2006.

20 W. R. 칼스 지음, 신복룡 옮김, 『조선 풍물지』, 집문당, 1999.

21 이경자 외, 『우리옷과 장신구』, 열화당, 2003, 56-57쪽.

22 이민주, 『조선왕실의 미용과 치장』, 세창출판사, 2019, 26-32쪽.

23 빙허각 이씨, 『규합총서』, 면지법.

24 문화재청 국립무형유산원, 『모시짜기』, 2017, 145-146쪽.

25 문화재청, 『문화재대관』, 1997, 125-128쪽.

26 김종수 외, 『조선궁중의 잔치, 연향』, 글항아리, 2013, 242-243쪽.

27 『정조실록』 38권, 정조 17년 10월 11일(신미).

28 『원행을묘정리의궤』, 규장각한국학연구원 소장.

29 『미암일기』, 1568년 1월 24일.

30 『중종실록』 6권, 중종 3년 9월 14일(기유).

31 『미암일기』, 1574년 7월 초8일.

32 『미암일기』, 1568년 1월 28일.

33 『미암일기』, 1567년 10월 29일.

34 『미암일기』, 1567년 10월 30일.

35 『미암일기』, 1567년 11월 17일.

36 『(인조장렬후)가례도감의궤』, 중궁전의대물목소입질.

37 『국조속오례의보서례』 권지 1, 길례, 왕비예복제도.

38 『정조실록』 5권, 정조 2년 4월 26일(을묘).

39 『순조실록』 22권, 순조 19년 윤4월 3일(갑오).

40 이민주, 「〈긔묘년 조대비 입궐일기〉에 나타난 혼례복식」, 『한민족문화연구』 69, 한민족문화학회, 2020, 18-19쪽.

41 혜경궁 홍씨 지음, 정병설 옮김, 『한중록』, 문학동네, 2010.

42 국사편찬위원회편, 『옷차림과 치장의 변천』, 두산동아, 2005, 233쪽.

43 이익, 『성호사설』 제12권, 人事門, 帶.

44 이민주, 『치마저고리의 욕망』, 문학동네, 2013, 39-41쪽.

45 이경자 외, 앞의 책, 176-180쪽.

46 배도식, 「짚신의 민속적 고찰 1」, 『한국민속학』 23(1), 한국민속학회, 1990, 108쪽.

47 국립중앙박물관, 『초상화의 비밀』, 국립중앙박물관, 2011, 146쪽.

48 국립중앙박물관, 같은 책, 147쪽.

49 퍼시벌 로웰 지음, 조경철 옮김, 『내 기억 속의 조선, 조선 사람들』, 예담, 2001, 131-133쪽.

50 이민주, 「외국인의 눈에 비친 개항기 복식 문화」, 『한국의상디자인학회지』, 한국의상디자인학회, 2005, 107쪽.

51 A. H. 새비지 랜도어 지음, 앞의 책, 60쪽.

52 퍼시벌 로웰 지음, 조경철 옮김, 앞의 책, 259쪽.

53 송종오, 한국역대인물종합정보시스템, http://people.aks.ac.kr/ (2023년 8월 1일 검색).

54 『고봉집』 3권, 서, 퇴계 선생의 문목에 답함.

55 허동화, 『우리가 정말 알아야 할 우리 규방 문화』, 현암사, 2006, 79쪽.

56 국사편찬위원회, 『옷차림과 치장의 변천』, 두산동아, 2006, 321쪽.

57 서울신문, 「런웨이 조선 ― 사뿐사뿐 걸음마다 정적인 한복에 생동감 더해」, https://www.seoul.co.kr/news/newsView.php?id=20170620029006 (2022년 11월 3일 검색).

58 이경자 외, 앞의 책, 145쪽.

59 『세종실록』 111권, 세종 28년 1월 23일(신묘).

60 『세종실록』 127권, 세종 32년 윤 1월 12일(정사).

61 『단종실록』 12권, 단종 2년 12월 1일(정축).

62 『단종실록』 12권, 단종 2년 12월 10일(병술).

63 『경국대전』, 예전, 의장, 관복.

64 『속대전』, 예전, 의장, 관복.

65 『대전회통』, 예전, 의장, 복.

66 김미경, 『조선시대 공신초상을 통한 관복제도 연구』, 안동대학교 박사학위논문, 2020, 310-318쪽.

67 『연산군일기』 56권, 연산 10년 11월 5일(신묘).